smartWorkLife – Bewusst erholen statt grenzenlos gestresst

Martina Hartner-Tiefenthaler
Simone Polic-Tögel
Maria Magdalena Mayer

smartWorkLife – Bewusst erholen statt grenzenlos gestresst

Flexibel und gesund arbeiten in New Ways of Working

Springer

Martina Hartner-Tiefenthaler
Institut für Managementwissenschaften
TU Wien
Wien, Österreich

Simone Polic-Tögel
Kommunikationsmanagement
Klein-Neusiedl, Österreich

Maria Magdalena Mayer
Institut für Managementwissenschaften
TU Wien
Wien, Österreich

ISBN 978-3-662-63128-7   ISBN 978-3-662-63129-4 (eBook)
https://doi.org/10.1007/978-3-662-63129-4

Die Deutsche Nationalbibliothek verzeichnet diese Publikation in der Deutschen Nationalbibliografie; detaillierte bibliografische Daten sind im Internet über http://dnb.d-nb.de abrufbar.

Springer

Einbandabbildung: © Konstantin Yuganov/Adobe Stock

Lektorat/Planung: Alexander Gruen
Springer ist ein Imprint der eingetragenen Gesellschaft Springer-Verlag GmbH, DE und ist ein Teil von Springer Nature.
Die Anschrift der Gesellschaft ist: Heidelberger Platz 3, 14197 Berlin, Germany

Vorwort Bettina Heise, Direktorin der AK Niederösterreich

Digitalisierung verändert unsere Arbeitswelt und wesentliche Bereiche unseres Zusammenlebens. Die Arbeiterkammer Niederösterreich gestaltet im Rahmen des AK Zukunftsprogramms aktiv den digitalen Wandel im Interesse und zum Wohle der Arbeitnehmer*innen. Mit dem Projektfonds Arbeit 4.0 – als Teil des AK Zukunftsprogramms – unterstützt die Arbeiterkammer Niederösterreich Projekte zu relevanten Zukunftsthemen rund um die Arbeitswelt von morgen. Der Projektfonds Arbeit 4.0 fungiert dabei als Motor für innovative Ideen, die sich mit diesen (digitalen) Veränderungen der Arbeitswelt auf vielfältige Weise auseinandersetzen. Mit den Erfahrungen und Ergebnissen aus den Projekten, die offen kommuniziert und der Allgemeinheit zur Verfügung gestellt werden, setzt die Arbeiterkammer Niederösterreich Impulse für eine gute und sozial gerecht gestaltete Arbeitswelt. Betriebsrät*innen nutzen diese Projektergebnisse, um die Arbeitsbedingungen im Betrieb fairer und gesünder zu gestalten. Denn Betriebsrät*innen sind die ersten Ansprechpartner*innen, wenn es um die Wahrnehmung und die Förderung von wirtschaftlichen, sozialen, gesundheitlichen und kulturellen Interessen der Arbeitnehmer*innen geht.

Die App swoliba ist so eine zukunftsweisende Idee, die im Rahmen des Projektfonds Arbeit 4.0 in den Jahren 2020 und 2021 gefördert wurde. Den Grundstein dazu bildete das Projekt „Work-Life-Balance 4.0", das eine Interventionsstudie zum Thema Erreichbarkeit außerhalb der Arbeitszeit am Flughafen Wien zum Thema hatte. Der Angestelltenbetriebsrat der Flughafen Wien AG fungierte in der ersten Projektphase (bis zum Ausbruch der Coronapandemie) als wertvoller Projekt- und Kooperationspartner. Dabei steht swoliba für „Smart work-life-balance" und wurde von der Technischen Universität Wien (Institut für Managementwissenschaften, Arbeitsbereich Arbeitswissenschaft und Organisation in Zusammenarbeit mit der Forschungsgruppe Industrial Software) entwickelt. Die App swoliba hat das Ziel, Arbeit und Privatleben von Arbeitnehmer*innen durch kurze Übungen in selbstbestimmter gesunder Balance zu halten. Dadurch bekommen Arbeitnehmer*innen nicht nur mehr Zeit und Raum für Erholung, sondern erlernen auch, gesundheitsfördernde Routinen in ihren Alltag zu integrieren. Dieses Buch beschreibt nicht nur die besten Übungen der App, sondern gibt auch einen evidenzbasierten Überblick über die Vor- und Nachteile von New Ways of Working und wie Betriebsrät*innen Arbeitnehmer*innen am besten dabei unterstützen können. Die Autorinnen verbinden auf anschauliche Weise ihr fundiertes Wissen über unsere veränderte Arbeitswelt von heute mit den Bedingungen der digitalen Arbeitswelt von morgen. Sie vermitteln den Leser*innen nützliche Übungen, um die eigene Balance zwischen Arbeit und Privatleben zu erhalten, und geben Organisationen Anleitungen und Empfehlungen für eine neue und innovative Organisations- und Führungskultur.

Mag. Bettina Heise, MSc, St. Pölten im Juli 2022

Vorwort Stephan Böhm, Direktor Center for Disability and Integration, Hochschule St. Gallen

Das Buch „smartWorkLife – Bewusst erholen statt grenzenlos gestresst" adressiert ein hochaktuelles Thema: Wie können die Gefahren der Entgrenzung durch New Ways of Working aktiv minimiert werden, um die Gesundheit der Beschäftigten zu erhalten? Diese Frage ist von höchster Relevanz, da die psychische Gesundheit mittlerweile zu einer der Hauptursachen für Fehlzeiten und vorzeitige Pensionierungen in allen OECD-Ländern geworden ist. Psychische Probleme betrafen bereits vor der Pandemie mehr als jeden sechsten Menschen in der Europäischen Union. Durch die Covid-19-Pandemie und weitere gesellschaftliche Umwälzungen ist diese Herausforderung noch größer geworden.

Der Arbeitsplatz spielt für die psychische Gesundheit der Beschäftigten eine Doppelrolle: Einerseits kann er eine Quelle von Stress sein, der u. a. durch ständige Erreichbarkeit oder Angst vor digitalem Wandel gespeist wird. Andererseits stellt Arbeit eine wichtige Ressource dar, aus der wir positive Emotionen wie Zugehörigkeit oder Sinnerfüllung schöpfen können.

Am vorliegenden Buch schätze ich besonders, dass es sowohl die individuelle Perspektive der einzelnen Beschäftigten als auch die Organisationsperspektive einnimmt. Denn jede*r Beschäftigte ist immer ein Teil des Systems, in dem er oder sie agiert. Außerdem können Erreichbarkeitsnormen und kulturelle Veränderungen nur kollektiv in der Organisation gestaltet werden. Gerade durch die vermeintlich grenzenlosen Möglichkeiten der Informations- und Kommunikationstechnologie braucht es aktive Maßnahmen, um die Grenzen zwischen Arbeit und Nichtarbeit wieder zu stärken – ohne auf die Vorteile von Flexibilität verzichten zu müssen. Wesentlich ist hierbei, Vereinbarungen in den Teams zu treffen, die für die einzelnen Beschäftigten handlungsanleitend sind. Dieses Buch folgt einem ressourcenorientierten Ansatz und bietet eine profunde Handlungsanleitung für die Beschäftigten selbst, aber thematisiert auch die Rollen der weiteren Stakeholder in der Organisation. So kommt u. a. den Führungskräften für die gesunde Gestaltung der Arbeit eine maßgebliche Rolle zu, die in diesem Buch ebenfalls hervorgehoben wird.

Prof. Dr. Stephan Böhm, St. Gallen im Juli 2022

Vorwort Hubert Lobnig, Geschäftsführer Lemon Consulting, Experts for Change

New Ways of Working – die Arbeitswelt verändert sich und betrifft Organisationen in zentralen Fragen der Gestaltung, Führung und Zusammenarbeit. Im Zentrum dabei stehen Changeprozesse, die darauf abzielen, die Agilität von Organisationen und Teams zu erhöhen, Hierarchien abzuflachen, Führung zu verteilen, bereichsübergreifendes Zusammenarbeiten zu stärken und digitale Prozesse in Abläufen, Kommunikation und Geschäftsmodellen zu etablieren.

Die Agenda ist sehr anspruchsvoll – nicht nur, was die Transformationsprozesse betrifft, sondern v. a. auch für die Personen in den Organisationen selbst. Die meisten Spielarten der neuen Arbeitswelt sind mit einem Upgrading der Tätigkeit von Mitarbeiter*innen in Organisationen verbunden. Sie sollen flexibel auf Anforderungen eingehen, co-kreativ neue Lösungen entwickeln und in Rollen verteilter Führung Verantwortung übernehmen. Ist die Arbeitswelt damit auf dem Weg zu einer New Work Culture, in der Menschen tun können, *„was sie wirklich wirklich wollen"*, wie es Frithjof Bergmann, Gründer der New-Work-Bewegung ausdrückt?

Die Idee, dass in der Arbeitswelt die Differenz von Person und Organisation aufgehoben werden kann, die Interessen und Bedürfnisse personaler und organisationaler Systeme konvergieren, ist zunächst sehr verlockend, ist aber gleichzeitig wenig hilfreich, wenn man sich mit Verbesserungsprozessen in Betrieben, Institutionen in der Verwaltung, in Start-ups, Krankenhäusern oder Forschungseinrichtungen beschäftigt. In der Praxis zeigt sich: Remote Work, hybride Arbeit, selbstgesteuerte Teams, agile Organisationen, soziokratische Modelle und flache Hierarchien etc. fordern von Mitarbeiter*innen und Führungskräften eine hohe Aufmerksamkeit, intensives Engagement und die Bereitschaft, proaktiv und flexibel tätig zu sein. Das organisationale Upgrading ist mit hohen Erwartungen an die Leistung der Einzelnen verbunden und nicht selten sind Überforderungen durch Vielfachrollen, hohe Leistungserwartungen der Kolleg*innen in Teams und Projekten und den eigenen Anspruch, die übernommenen Aufgaben auch perfekt zu erfüllen, die Folge.

Die neue Arbeitswelt erfordert die Kompetenz, sich selbst im Spannungsfeld von persönlichen Bedürfnissen, körperlicher, mentaler und sozialer Gesundheit und den Arbeitsanforderungen zu managen. Die eigenen Ressourcen so einzusetzen, zu pflegen und weiterzuentwickeln, dass diese in der Zusammenarbeit in den Teams, dem Design der Tätigkeiten und den Anforderungen der Organisation auch langfristig effektiv wirksam sein können.

Das vorliegende Buch widmet sich der Frage, wie Personen, Teams und Führungskräfte in New Ways of Working im Spannungsfeld von Effizienz und Gesundheit navigieren können. Dabei geht es nicht um ein Verschmelzen dieser beiden Pole, sondern um eine gelingende Balance. Die zahlreichen Tools und Praxisbeispiele und die App swoliba – Smart work-life-balance – liefern dafür wissenschaftlich fundierte und in der Praxis der Arbeitswelt leicht anschlussfähige Hilfsmittel.

Priv. Doz. Dr. Hubert Lobnig im Juli 2022

Danksagung

Dieses Buchprojekt inklusive der Entwicklung der Smartphone-App swoliba wäre ohne die Unterstützung zahlreicher Personen nicht möglich gewesen. Daher freut es mich – als Projektleiterin – ganz besonders, die vielen Personen, die in der einen oder anderen Form am Erfolg dieses Buches beteiligt waren, an dieser Stelle vor den Vorhang zu holen und mich für ihr Engagement und ihre Unterstützung zu bedanken: Danke vielmals!

Die Idee zu der App entstand im Rahmen eines Vorläuferprojektes (YLVI), das sich – ebenfalls an der Technischen Universität Wien angesiedelt – damit auseinandersetzte, wie die intensive Smartphonenutzung die Vermischung zwischen Beruf und Privatleben, aber auch das Wohlbefinden beeinflusst. Darauf aufbauend entstand schließlich das Projekt „Work-Life-Balance 4.0", das im Rahmen des Projektfonds Arbeit 4.0 der Arbeiterkammer Niederösterreich gefördert wurde. Ziel war es bei diesem Projekt, unter Berücksichtigung der Informations- und Kommunikationstechnologie Menschen dabei zu unterstützen, die Vorteile der Flexibilität zu nutzen, aber die Nachteile zu minimieren. Silvia Feuchtl sei hier besonders zu erwähnen. Sie war eine frühe Wegbegleiterin, die auch den Kontakt zum Angestelltenbetriebsrat des Flughafen Wiens hergestellt hat. Doch wie so oft im Leben kommt es anders, als man plant. Ursprünglich geplant war – zu einer Zeit vor Corona –, eine Interventionsstudie zum Thema Erreichbarkeit außerhalb der Arbeitszeit am Flughafen Wien durchzuführen. Wir begannen das Projekt im Mai 2019 und arbeiteten emsig an den Fragebögen und der App-Entwicklung. Ganz besonderer Dank gilt hierbei dem INSO-Team (Forschungsgruppe Industrial Software der TU Wien) unter der Leitung von Thomas Grechenig. Thomas Artner, Lukas Baronyai und Markus Lehr haben mit viel Engagement die technische Umsetzung der App erledigt. Auf der Designebene möchte ich Michaela Bruckner herzlich für ihr Engagement danken. Operativ kümmerte sich Sarah Marth (mit ihrer schönen Stimme) um alles und auf der inhaltlichen Ebene der konkreten Übungen engagierten sich Sarah Bergner und Lisa Schlee. Doch leider wurde die gesamte Flugbranche schließlich von den Ereignissen durch Covid-19 erschüttert, sodass eine Interventionsstudie nicht mehr zielführend gewesen wäre. Danke vielmals an Thomas Schäffer und den Angestelltenbetriebsrat des Flughafen Wiens für die einzigartige Unterstützung und die beteiligten Angestellten für das Ausfüllen des ersten Fragebogens.

Immerhin konnte ich im Rahmen der Vorbereitungen meine Ko-Autorin Simone Polic-Tögel kennen- und schätzen lernen.

Der Lockdown im März 2020 brachte eine komplette Neuausrichtung des Projekts und eine Fokussierung auf das Thema Homeoffice. Meine Ko-Autorin Maria Magdalena Mayer adaptierte sämtliche Übungen auf den neuen Kontext. Danke auch an Magdalena May, die mit Hilfe unterschiedlicher Sprecher*innen die Übungen noch ansprechender und abwechslungsreicher gestaltete und auch die Illustrationen für das Buch zeichnete. Technisch wurde die Neuausrichtung vor allem von Philipp Moser getragen, der unter anderem von Victor Webersberger unterstützt wurde. Die Umsetzung der Interventionsstudie wurde schließlich wesentlich von Arabella Mühl vorangetrieben, die sich mit Unterstützung von Olivia Parczyk auf die Suche nach interessierten Teilnehmer*innen begab und diese dann optimal betreute. Vielen Dank an die vielen Teilnehmer*innen, ohne deren Interesse und Einsatz eine wissenschaftliche Evaluation der Übungen nicht möglich gewesen wäre. Zusätzlich testeten Studierende die App swoliba und unterstützten das Projekt im Rahmen von Projektarbeiten. Besonderer Dank gebührt Julia Schöllbauer. Sie trug wesentlich zur inhaltlichen Gestaltung bei und begleitete mich von Anfang bis zum Ende mit großem Engagement für das Thema.

Für das Buchprojekt im Speziellen möchte ich mich bei allen Interviewpartner*innen herzlich bedanken, die durch ihre Erzählungen dazu beitrugen, die unterschiedlichen organisationalen Perspektiven gut zu beleuchten. Zudem bedanke ich mich herzlich bei Katrin Deisl, die im Rahmen ihrer Diplomarbeit alle Interviews sorgfältig transkribiert hat, und außerdem bei Carolin Scholz, die die Literaturverzeichnisse in mehreren Feedbackschleifen unermüdlich überarbeitet hat.

Abschließend möchte ich mich bei Alexander Grün und Sabine Bromby vom Springer-Verlag bedanken, die uns die Möglichkeit gegeben haben, dieses Buch zu publizieren. Ein ganz besonderer Dank gebührt darüber hinaus auch der Fördergeberin, der Arbeiterkammer Niederösterreich, ohne deren Unterstützung das gesamte Projekt nie durchgeführt hätte werden können. Ich bin dankbar für die außerordentliche Flexibilität bei der Anpassung an die aktuellen Begebenheiten.

Vielen lieben Dank für das Engagement, die Begeisterung und das Durchhaltevermögen – auch an alle, die hier nicht namentlich erwähnt wurden, aber das Projekt in der einen oder anderen Form – sei es durch das komplizierte Auszahlen der Incentives bei der Studienteilnahme oder durch Feedback zum Buch – unterstützten! Wir hoffen, mit diesem Buch und der App swoliba viele Arbeitnehmer*innen bei ihrer Erholung und Vereinbarkeit von Arbeit und Privatleben zu unterstützen.

Martina Hartner-Tiefenthaler im Juni 2023

Inhaltsverzeichnis

Eine Handlungsanleitung für Erholung – trotz Homeoffice

1

Dieses Buch rückt bisherige Erkenntnisse aus der Forschung zur Arbeit im Homeoffice in ein aktuelles Licht. Es vermittelt sowohl Beschäftigten als auch Organisationen und Führungskräften eine „Handlungsanleitung" für die Herausforderungen bei New Ways of Working. Um diese „neuen" Herausforderungen zu meistern, ist der Aufbau von Ressourcen besonders wichtig. Durch den Ressourcenaufbau kann die Leistungsfähigkeit nicht nur langfristig erhalten, sondern auch Gesundheitsbeeinträchtigungen vermieden werden. Erholung kann trainiert werden und dieses Buch unterstützt Sie dabei. Alltagsroutinen müssen durch ständige Wiederholungen über einen bestimmten Zeitraum neu erlernt werden. Denn erst durch das ständige Wiederholen entwickeln sich Verhaltensänderungen zu Gewohnheiten.

M. Hartner-Tiefenthaler et al., *smartWorkLife – Bewusst erholen statt grenzenlos gestresst*, https://doi.org/10.1007/978-3-662-63129-4_1

1.1   Einleitung

Anlässlich der Covid-19-Pandemie mussten im Jahr 2020 viele Beschäftigte mehr oder weniger unvorbereitet ins Homeoffice „übersiedeln". Organisationen und Beschäftigte waren gefordert, kurzfristig Strategien, Regeln und Routinen für die Zusammenarbeit mit Kolleg*innen zu entwickeln, die sich nicht mehr gemeinsam vor Ort im Büro befanden. Bisherige Erkenntnisse aus der Forschung konnten nur bedingt als Richtschnur für die neue Zusammenarbeit im Homeoffice herangezogen werden, da sich die relativ gut erforschte Telearbeit doch maßgeblich von den Homeofficeregelungen, die durch die Pandemie hervorgerufen wurden, unterscheidet: Aufgrund des Risikos der Ansteckung im Büro arbeiteten die Beschäftigten nicht immer freiwillig im Homeoffice, sondern reagierten auf die erforderlichen Umstände. Zudem fehlten zuhause aufgrund der Kurzfristigkeit oft optimale Arbeitsmittel wie beispielsweise Tische und Stühle, die Arbeiten nach ergonomischen Gesichtspunkten unterstützen. Dieses Buch widmet sich dem Thema New Ways of Working und beleuchtet dabei besonders die Herausforderungen im Homeoffice. Es versucht aufzuzeigen, wie man diesen Herausforderungen zielgerichtet begegnen kann, um von der erlangten „Freiheit zuhause" möglichst zu profitieren.

Im Allgemeinen bietet das Arbeiten im Homeoffice etliche Vorteile für die Beschäftigten: Zeitersparnis durch den Wegfall der Fahrzeiten zum und vom Büro (Hartner-Tiefenthaler & Feuchtl, 2022), bessere Vereinbarkeit von Beruf und Familie (Allen et al., 2015; Golden, 2006) und eine Steigerung der Arbeitszufriedenheit sowie der Arbeitsleistung (Gajendran & Harrison, 2007). Aber auch für Organisationen, die ihren Beschäftigten die Möglichkeit für Homeoffice bieten, gibt es Vorteile: beispielsweise als attraktiver Arbeitgeber (für potenzielle Kandidat*innen) wahrgenommen zu werden (Beauregard & Henry, 2009), mögliche Einsparungen bei den Bürokosten, weil weniger Arbeitsplätze bereitgestellt werden müssen (Overmyer, 2011), oder weniger Fluktuation bei den Beschäftigten (Gajendran & Harrison, 2007).

Bereits vor der Pandemie war der Wunsch nach Homeoffice bei den Beschäftigten bemerkbar (Schmidt et al., 2014). Trotzdem waren vor der Pandemie viele Organisationen eher zögerlich bei der Einführung von Homeoffice für ihre Beschäftigten. Wesentlicher Grund für dieses Zögern war die Befürchtung, dass im Homeoffice weniger Leistung erbracht wird als unter Aufsicht im Büro (Bolino et al., 2021; Gajendran et al., 2015; Harrington & Ruppel, 1999). Empirische Studien deuten jedoch auf keine Leistungseinbußen von Personen im Homeoffice hin. Im Gegenteil, wissenschaftliche Untersuchungen berichten sogar von Leistungssteigerungen, und das aus der Sicht der Beschäftigten selbst (Martin & MacDonnell, 2012) sowie ihrer Vorgesetzten (Gajendran & Harrison, 2007). Der positive Zusammenhang zwischen Homeoffice und Arbeitsleistung kann anhand der **sozialen Austauschtheorie** (Blau, 1964) erklärt werden: Die Arbeit im Homeoffice wird von den Beschäftigten als Möglichkeit genutzt, den Arbeitstag auf Basis von persönlichen Präferenzen, beruflichen oder privaten Terminen oder aus Gründen der Effizienz selbstbestimmt zu gestalten (Wessels et al., 2019). Die Beschäftigten erleben durch die gewonnene Selbstbestimmung ihre Arbeit positiv und investieren in Folge mehr Zeit und Energie in ihre Arbeit, was sich fördernd auf ihre Leistung auswirkt. Allerdings hat die Arbeit im Homeoffice auch ihre Tücken. Zum einen kann sie zu einer Arbeitsintensivierung führen, die die Erholung von der Arbeit beeinträchtigt (Kelliher & Anderson, 2010). Zum anderen können wir beobachten, dass – unterstützt durch intensive Smartphonenutzung – eine zunehmende Vermischung von Arbeit und Privatleben erfolgt (Hofmann & Günther, 2019). Die technische Möglichkeit, theoretisch jederzeit und überall Arbeitsinhalte und berufliche E-Mails am Smartphone aufrufen zu können, stärkt einerseits die Selbstbestimmung der Beschäftigten, weicht jedoch über die Zeit oft zu einer gefühlten Verpflichtung für Arbeitsbelange ständig erreichbar zu sein. Das kann langfristig zu gesundheitlichen Beeinträchtigungen wie zunehmender Erschöpfung (Schlachter et al., 2018), Schlafproblemen (Hartner-Tiefenthaler et al., 2017), Kopfschmerzen, Magenbeschwerden bis hin zu Depression (Arlinghaus & Nachreiner, 2013, 2014) führen.

Gerade wenn die Grenze zwischen Arbeit und Privatleben verschwimmt, ist es wichtig, dass es Ruhephasen von der Arbeit gibt, in denen Erholung stattfindet und die Energiereserven wieder aufgeladen werden. **Erholung** wird als *„Unterbrechung einer Tätigkeit zur Aufrechterhaltung oder Wiederherstellung der Funktionsfähigkeit"* definiert (Blasche, 2020). Die persönliche Funktionsfähigkeit wird durch das Vorhandensein von Ressourcen sichergestellt, also die *„generalisierten Widerstandsquellen"* eines Menschen, die es ihm ermöglichen, mit Anforderungen umzugehen und das Leben zu meistern (Antonovsky, 1979; Brinkmann, 2014). Durch Erholung wird also die persönliche Funktionsfähigkeit wiederhergestellt, welche sowohl für das berufliche als auch für das private Leben gebraucht wird. Eine Leistungssteigerung ist durch Erholung aber nicht möglich. Umgekehrt sind Leistungseinbußen sowohl im beruflichen als auch im privaten Bereich bei fehlender Erholung sehr wahrscheinlich. Und wenn das Leben zunehmend Anstrengung erfordert, wird einerseits der Erholungsbedarf noch weiter erhöht und andererseits auch Wohlbefinden (z. B. schlechte Laune oder gar Depression) und Gesundheit (z. B. Kopfschmerzen und Magenbeschwerden) gefährdet. Das zeigt also, dass Erholung für die langfristige Leistungsfähigkeit und die Erhaltung der Gesundheit essenziell ist. Fehlt das Abschalten von der Arbeit während der Freizeit, dann ist möglicherweise das ausreichende Ausmaß an Erholung nicht gegeben, wodurch die psychische und physische Gesundheit langfristig gefährdet sind.

Dieses Buch zielt darauf ab, die Erholung von Beschäftigten zu fördern, vor allem bei solchen, die ganz oder teilweise im Homeoffice arbeiten. Ziel ist es, die Leserin/den Leser dabei zu unterstützen, einen bewussten und somit gesunden Umgang mit der Grenze zwischen Arbeit und Privatleben aufzubauen und aufrechtzuerhalten, selbst wenn das Smartphone immer griffbereit in der Tasche ist. Konkret soll anhand von kleinen Übungen der Übergang von der Arbeit zur Freizeit (und wieder retour) begünstigt und die Erholung durch Entspannung und andere positive Erlebnisse in der Freizeit gefördert werden. Darüber hinaus werden im zweiten Teil des Buches die bisherigen Forschungserkenntnisse zur Arbeit im Homeoffice in ein aktuelles Licht gerückt, um Beschäftigten und Organisationen Handlungsstrategien zu vermitteln, wie sie den Herausforderungen durch Homeoffice – vor allem nach der Pandemie – sinnvoll begegnen können. Dabei sind wir der Ansicht, dass Arbeit und Privatleben eines Menschen durchaus verschwimmen dürfen, immerhin sind beide Bereiche wichtige Teile unseres Lebens; aber eben nicht unkontrolliert ständig und überall, sondern kontrolliert und selbstbestimmt. Denn wenn die Vermischung zu stark ist und zwischen den Arbeitsperioden die Erholung von der Arbeit fehlt, dann ist langfristig sowohl die psychische als auch die physische Gesundheit gefährdet. Ein wesentlicher Schritt dazu ist es, die eigenen Präferenzen und Grenzen zu kennen und einzuhalten. Dieses Buch hilft dabei, die eigenen Belastungen zu reflektieren und anhand ausgewählter Strategien in Balance zu bringen. Zusätzlich informiert das Buch darüber, wie Betriebe ihre Rahmenbedingungen gestalten können, um die Einhaltung der Grenzen zwischen Arbeit und Privatleben der Beschäftigten zu unterstützen und somit zum Wohlbefinden derer beizutragen. Falls sich bereits gesundheitsbeeinträchtigende Alltagsroutinen eingeschliffen haben (z. B. das gewohnheitsmäßige Checken der beruflichen Nachrichten in der Freizeit), können diese meist nicht spontan durch andere Routinen ersetzt werden, sondern sie müssen in ständigen Wiederholungen neu erlernt werden. Die Anzahl der notwendigen Wiederholungen für die Verhaltensänderung variiert jedoch von Person zu Person (Wood & Rünger, 2016). Um eine Verhaltensänderung herbeizuführen, ist es im ersten Schritt essenziell, die eigenen Verhaltensmuster kritisch zu hinterfragen. Erst dann kann das Verhalten angepasst und so oft wiederholt werden, bis es zur Gewohnheit oder Routine wird. Welche Strategien dazu hilfreich sind, wird im dritten Kapitel dieses Buches mit anschaulichen Übungen („Best-of"-Beispiele) praxisnah aufgezeigt.

Im vierten Kapitel diskutieren wir, welche Schritte Organisationen setzen können, um die bewusste Grenzziehung zwischen Arbeit und Privatleben der Beschäftigten zu unterstützen. Ein besonderes Augenmerk legen wir auf die unmittelbare Führungskraft: Wir erklären, wie die Führungskraft durch die Ausgestaltung von Interaktionsskripten die Zusammenarbeit in flexiblen Teams unterstützen kann. Schließlich runden Erfahrungsberichte von Expert*innen das Buch ab, um unterschiedliche Möglichkeiten bei der betrieblichen Umsetzung zu veranschaulichen. Das Buch ist so aufgebaut, dass Sie – falls Sie die theoretischen Abhandlungen zu einem späteren Zeitpunkt nachlesen wollen – gleich zum praktischen Teil (ab Abschn. 3.4) übergehen können, um Ihre Erholungsstrategien im Homeoffice zu optimieren. Ergänzend zum Buch gibt es die **App swoliba**, die die praktische Anwendung des Buches noch zusätzlich unterstützen soll. Im nächsten Abschnitt erhalten Sie noch weitere Infos zur App.

1.2   Die App swoliba – smartWorkLife

Die App swoliba wurde mit dem Ziel entwickelt, Arbeitnehmer*innen mit kleinen Übungen zu unterstützen, Arbeit und Privatleben in einer selbstbestimmten gesunden Balance zu halten, sodass Zeit und Raum für Erholung geschaffen werden. Zudem sollen mithilfe von swoliba erholungs- und gesundheitsfördernde Routinen erlernt werden. **Swoliba** steht für „**S**mart **work-life-ba**lance" und wurde von der Technischen Universität Wien (Institut für Managementwissenschaften, Arbeitsbereich Arbeitswissenschaft und Organisation in Zusammenarbeit mit der Forschungsgruppe Industrial Software, Projektleitung Dr. Martina Hartner-Tiefenthaler) im Rahmen des von der Arbeiterkammer Niederösterreich geförderten Projekts „Work-Life-Balance 4.0" in den Jahren 2020 und 2021 entwickelt. Die App selbst ist für Smartphones sowohl für das Betriebssystem Android als auch für iOS in den jeweiligen Appstores verfügbar. Da die Entwicklung der App durch den Projektfonds Arbeit 4.0 der Arbeiterkammer Niederösterreich finanziell unterstützt wurde, kann swoliba kostenfrei genutzt werden und enthält keine Werbung. Es werden mit der Nutzung auch keine weiteren Daten für die wissenschaftliche Forschung gesammelt. Hier im Buch finden Sie einen Auszug der beliebtesten Übungen sowie deren wissenschaftlichen Hintergrund zum Nachlesen (Kap. 3).

1.2.1   Beschreibung der App swoliba

Beim erstmaligen Öffnen der App werden Nutzer*innen gebeten, einen Benutzernamen zu wählen, um die App zu personalisieren. Dieser ist frei wählbar und wird nur lokal auf dem Gerät gespeichert. Danach folgt ein Einführungsvideo, das über die Ziele und die Handhabung der App aufklärt.

Schließlich können die Nutzer*innen der App selbstständig aus einem **Pool von 65 Übungen auswählen, die im Besonderen für einen Arbeitsalltag im Homeoffice** zusammengestellt wurden. Die Übungen enthalten verschiedenste Handlungsanleitungen, wie beispielsweise Übungen zur Organisation des Tages, zum ritualisierten Übergang von der Freizeit ins Arbeitsleben (und umgekehrt) sowie zum Abschalten von der Arbeit und Entspannen. Gemeinsames Ziel der Übungen ist es, Beschäftigte dabei zu unterstützen, mit den Herausforderungen im Homeoffice selbstbestimmt und proaktiv umzugehen und die eigene Erholung zu stärken. Die Übungen der App wurden vor dem Hintergrund der vier Erholungserlebnisse nach Sabine Sonnentag und Charlotte Fritz (2007) entwickelt.

Die zwei renommierten Forscherinnen postulieren die folgenden **vier psychologischen Aspekte – auch Erholungserlebnisse genannt –, die zu Erholung beitragen**:

- das Gefühl von Kontrolle,
- das mentale Abschalten nach der Arbeit,
- Entspannung und
- Erfolgserlebnisse.

Die ersten beiden Erholungserlebnisse beziehen sich auf eine selbstbestimmte Grenzziehung. Beschäftigte sollen beispielsweise ihre Kontrolle über die Grenze zwischen Arbeit und Privatleben behalten und sich aktiv Freiräume schaffen, in denen die Erholung selbstbestimmt möglich ist. Erholungserlebnis 3 fokussiert direkt auf körperliche und geistige Entspannung während der Freizeit und Erholungserlebnis 4 bezieht sich auf Erfolgserlebnisse, um neue Ressourcen (z. B. Selbstvertrauen) im Umgang mit Arbeitsbelastungen aufzubauen. Weitere Details zum wissenschaftlichen Hintergrund der Übungen finden Sie in Kap. 3.

Die App swoliba enthält praktische Übungen zur langfristigen Integration in den Alltag. Diese Übungen sollen schließlich zu Routinen werden und Beschäftigte aktiv beim Erleben der Erholungserlebnisse unterstützen. Sie sollen möglichst regelmäßig ausgeführt werden, um eine optimale Wirkung zu erzielen. Ziel ist es, dass die Übungen über die Zeit hinweg automatisiert ausgeführt werden. Die Anzahl an Übungen und der Zeitpunkt der Durchführung sind individuell bestimmbar, um die Nutzung an den Alltagsrhythmus sowie an die Bedürfnisse und an die zeitlichen Ressourcen der Nutzer*innen anzupassen. Obwohl wir empfehlen, die Übungen entweder zu Arbeitsbeginn (Übungskategorie „Morgen"), zu Arbeitsende (Übungskategorie „Abend") oder flexibel zu jeder Tageszeit (Übungskategorie „generell") durchzuführen, kann der Zeitpunkt natürlich individuell ausgewählt werden. In allen drei Übungskategorien können Nutzer*innen wählen zwischen kurzen (etwa eine Minute), etwas längeren (etwa drei Minuten) oder längeren Übungen (ab fünf Minuten). Durch Klick auf eine Übung gelangen die Nutzer*innen zur Beschreibung der Übung. Durch einen weiteren Klick auf das Pluszeichen in der rechten oberen Ecke kann die jeweilige Übung zu einem Wochenplan hinzugefügt werden.

Nutzer*innen können Wochentag und Uhrzeit, zu denen die Übung durchgeführt werden soll, frei auswählen. Nach der Installation der App findet sich im Wochenplan ein voreingestelltes Übungsprogramm, das jederzeit adaptiert werden kann. Zu den angegebenen Zeiten erhalten die Nutzer*innen Erinnerungen an die Übung in Form von Benachrichtigungen am Smartphone. Diese Erinnerungen können bei Bedarf deaktiviert werden, sollen aber die Regelmäßigkeit der Durchführung unterstützen. Denn mit der Regelmäßigkeit der Durchführung steht und fällt der Erfolg der Übungen und somit der Verhaltensoptimierung zur Stärkung der Work-Life-Balance und zur Förderung von Erholung und Wohlbefinden bei Arbeitnehmer*innen.

Um die Übersicht über die ausgewählten Übungen nicht zu verlieren, kann im Wochenplan jede Übung jeden Tag abgehakt werden, nachdem sie durchgeführt wurde. Das soll zusätzlich auch das Erfolgserleben steigern. Zudem können die Nutzer*innen Notizen zu den Übungen hinzufügen, in denen sie z. B. kurze persönliche Gedanken notieren. Auch der Wochenplan kann jederzeit adaptiert werden: Übungen können entweder gelöscht oder hinzugefügt sowie der Zeitpunkt der Übung verändert werden. Sinnvoll ist es jedoch, über die Dauer von zumindest vier Wochen regelmäßig die gleichen Übungen durchzuführen, sodass diese internalisiert werden und schließlich automatisiert ablaufen können. Um jedoch die richtigen Übungen zu finden, die man selbst langfristig in den eigenen Alltag integrieren kann und möchte, sollten in den ersten Wochen der App-Nutzung verschiedenste Übungen ein bis zwei Mal ausprobiert werden.

1.2.2   Wissenschaftliche Überprüfung des Nutzens

Um die Wirksamkeit der App zu untersuchen, wurde eine Interventionsstudie mit Arbeitnehmer*innen durchgeführt. Die Teilnehmer*innen dieser Interventionsstudie nutzten die App swoliba über einen Zeitraum von mindestens vier Wochen. Sie konnten sich ihren Übungsplan selbst zusammenstellen und wurden angehalten, die Übungen möglichst regelmäßig durchzuführen. Zusätzlich füllten die Teilnehmer*innen über einen Zeitraum von zwölf Wochen insgesamt fünf Fragebögen zu ihren Erholungserlebnissen und ihrem Wohlbefinden aus, was eine Untersuchung der kurz- und langfristigen Wirkung der Übungen ermöglichte. Eine Kontrollgruppe mit Personen, die während des Untersuchungszeitraums keine Übungen durchführte, lieferte Vergleichswerte.

Die Studienergebnisse bestätigten, dass die praktischen Übungen der App die Beschäftigten dabei unterstützten, sich zu erholen und neue Ressourcen aufzubauen. Ressourcen können als Schutzfaktoren (bzw. „generalisierte Widerstandsquellen") dienen und unterstützen Menschen dabei, die Anforderungen von Arbeit und Privatleben zu meistern (siehe z. B. Brinkmann, 2014). Aufbauend auf unseren Studienergebnissen können wir also sagen, dass die regelmäßige Durchführung der Übungen aus der App swoliba negative Auswirkungen von besonders starken Anforderungen auf das physische und psychische Wohlbefinden reduziert. Das bedeutet, die App swoliba hilft Beschäftigten, anspruchsvolle Zeiten zu bewältigen, ohne dass sich übermäßige Erschöpfungszustände einstellen.

So gelang es jenen Beschäftigten, die die App nutzten, eher, ihre Erreichbarkeit nach den regulären Arbeitszeiten einzuschränken und weniger (zusätzlich) außerhalb ihrer Arbeitszeiten zu arbeiten. Entsprechend empfanden die Nutzer*innen der App einen weniger starken Konflikt zwischen Arbeit und Privatleben und dachten weniger häufig über negative Arbeitserlebnisse nach als die Personen in der Vergleichsgruppe. Die Nutzung der App scheint primär negative Erlebnisse und Gedanken abzuschwächen und zu reduzieren, anstatt positive Gefühle zu verstärken. Gleiches gilt für die Schlafqualität und den Gesundheitszustand: Durch die Übungsdurchführung werden negative Effekte reduziert, sodass der Schlaf und die Gesundheit von stressigen Situationen weniger stark belastet werden. Gerade in den anspruchsvollen Zeiten der Covid-19-Pandemie wurde die App als ein wertvoller Begleiter wahrgenommen, der half, besonders herausfordernde Zeiten zu meistern. Die Worte einer Studienteilnehmerin dazu: *„Die App ist mittlerweile ein täglicher Bestandteil, den ich nicht missen möchte!"*

Literatur

Allen, T. D., Golden, T. D., & Shockley, K. M. (2015). How effective is telecommuting? Assessing the status of our scientific findings. *Psychological Science in the Public Interest, 16,* 40–68. https://doi.org/10.1177/1529100615593273

Antonovsky, A. (1979). *Health, stress and coping* (The Jossey-Bass social and behavioral science series, 1. Aufl.). Jossey-Bass Inc Pub.

Arlinghaus, A., & Nachreiner, F. (2013). When work calls – Associations between being contacted outside of regular working hours for work-related matters and health. *Chronobiology International, 30,* 1197–1202. https://doi.org/10.3109/07420528.2013.800089

Arlinghaus, A., & Nachreiner, F. (2014). Health effects of supplemental work from home in the European Union. *Chronobiology International, 31,* 1100–1107. https://doi.org/10.3109/0742052 8.2014.957297

Beauregard, T. A., & Henry, L. C. (2009). Making the link between work-life balance practices and organizational performance. *Human Resource Management Review, 19*(1), 9–22. https://doi.org/10.1016/j.hrmr.2008.09.001

Blasche, G. (2020). *Erholung 4.0: Warum sie wichtiger ist denn je.* Facultas Verlags- und Buchhandels AG.

Blau, P. M. (1964). *Exchange and power in social life.* Wiley.

Bolino, M. C., Kelemen, T. K., & Matthews, S. H. (2021). Working 9-to-5? A review of research on nonstandard work schedules. *Journal of Organizational Behavior, 42*(2), 188–211. https://doi.org/10.1002/job.2440

Brinkmann, R. D. (2014). *Angewandte Gesundheitspsychologie.* Pearson.

Gajendran, R. S., & Harrison, D. A. (2007). The good, the bad, and the unknown about telecommuting: Meta-analysis of psychological mediators and individual consequences. *Journal of Applied Psychology, 92*(6), 1524–1541. https://doi.org/10.1037/0021-9010.92.6.1524

Gajendran, R. S., Harrison, D. A., & Delaney-Klinger, K. (2015). Are telecommuters remotely good citizens? Unpacking telecommuting's effects on performance via I-deals and job resources. *Personnel Psychology, 68*(2), 353–393. https://doi.org/10.1111/peps.12082

Golden, T. D. (2006). The role of relationships in understanding telecommuter satisfaction. *Journal of Organizational Behavior, 27*(3), 319–340. https://doi.org/10.1002/job.36

Harrington, S. J., & Ruppel, C. P. (1999). Telecommuting: A test of trust, competing values, and relative advantage. *IEEE Transactions on Professional Communication, 4*(2), 223–239. https://doi.org/10.1109/47.807960

Hartner-Tiefenthaler, M., & Feuchtl, S. (2022). Homeoffice – Flexibel in die Zukunft? Wie Homeoffice während der Pandemie erlebt wurde. TU Wien & AK Niederösterreich. https://noe.arbeiterkammer.at/service/zeitschriftenundstudien/arbeitundwirtschaft/Homeoffice_2022_n.pdf. Zugegriffen am 15.03.2023.

Hartner-Tiefenthaler, M., Feuchtl, S., & Schoellbauer, J. (2017, May). Extended work availability outside working hours: Motives and consequences on sleeping quality of Austrian workers. In Wöhrmann, A. M. & Michel, A. (Chairs), *Permanent availability and employees' work-life-balance and health.* Symposium conducted at the EAWOP Congress 2017, Dublin, Ireland.

Hofmann, J., & Günther, J. (2019). Arbeit 4.0: Eine Einführung. *HMD Praxis der Wirtschaftsinformatik, 56*, 687–705. https://doi.org/10.1365/s40702-019-00553-2

Kelliher, C., & Anderson, D. (2010). Doing more with less? Flexible working practices and the intensification of work. *Human Relations, 63*(1), 83–106. https://doi.org/10.1177/0018726709349199

Martin, B. H., & MacDonnell, R. (2012). Is telework effective for organizations? A meta-analysis of empirical research on perceptions of telework and organizational outcomes. *Management Research Review, 35*(7), 602–616. https://doi.org/10.1108/01409171211238820

Overmyer, S. P. (2011). *Implementing telework: Lessons learned from four federal agencies.* IBM Center for the Business of Government.

Schlachter, S., McDowall, A., Cropley, M., & Inceoglu, I. (2018). Voluntary work-related technology use during non-work time: A narrative synthesis of empirical research and research agenda. *International Journal of Management Reviews, 20*, 825–846. https://doi.org/10.1111/ijmr.12165

Schmidt, S., Roesler, U., Kusserow, T., & Rau, R. (2014). Uncertainty in the workplace: Examining role ambiguity and role conflict, and their link to depression-a meta-analysis. *European Journal of Work and Organizational Psychology, 23*, 91–106. https://doi.org/10.1080/1359432X.2012.711523

Sonnentag, S., & Fritz, C. (2007). The recovery experience questionnaire: Development and validation of a measure for assessing recuperation and unwinding from work. *Journal of Occupational Health Psychology, 12*, 204–221. https://doi.org/10.1037/1076-8998.12.3.204

Wessels, C., Schippers, M., Stegmann, S., Bakker, A., Baalen, P., & Proper, K. (2019). Fostering flexibility in the new world of work: A model of time-spatial job crafting. *Frontiers in Psychology, 10*, a505. https://doi.org/10.3389/fpsyg.2019.00505

Wood, W., & Rünger, D. (2016). Psychology of Habit. *Annual Review of Psychology, 67*(1), 289–314. https://doi.org/10.1146/annurev-psych-122414-033417

Ein theoretischer Überblick zur Veränderung der Arbeitswelt

New Ways of Working beinhaltet eine selbstbestimmte Flexibilität und setzt dabei Selbstorganisation und Selbstführung voraus. Das bietet Chancen und Risiken gleichermaßen. So lassen sich im Homeoffice Arbeit und Privatleben zwar leichter vereinbaren, gleichzeitig erhöht sich die Gefahr der permanenten Selbstunterbrechung durch Belange des Privatlebens. Sich in der Freizeit mental von der Arbeit zu distanzieren oder gar nicht mehr an die Arbeit zu denken, ist für die eigene Erholung und für eine gute Schlafqualität unumgänglich. Mentale Loslösung von der Arbeit ist ein wichtiger Schritt zu langfristiger Gesundheit und Wohlbefinden. Deshalb ist wichtig: Die Grenze zwischen Arbeit und Privatleben darf zwar verschwimmen, aber nur kontrolliert und selbstbestimmt.

© Der/die Autor(en), exklusiv lizenziert an Springer-Verlag GmbH, DE, ein Teil
von Springer Nature 2023
M. Hartner-Tiefenthaler et al., *smartWorkLife – Bewusst erholen statt grenzenlos
gestresst*, https://doi.org/10.1007/978-3-662-63129-4_2

2.1   New Ways of Working

Digitalisierung und Flexibilisierung verändern gegenwärtig unsere Arbeits- und Lebenswelt grundlegend. Sie ermöglichen es Beschäftigten, ihre Arbeit flexibel im Homeoffice zu organisieren. Es gibt eine Vielzahl von Begriffen für dieses „neue Arbeiten". Wir verstehen unter dem Begriff „New Ways of Working" jene Arbeitsform, die es Beschäftigten aufgrund neuer Informations- und Kommunikationstechnologien (IKT) ermöglicht, bis zu einem gewissen Ausmaß die Arbeitszeit und den Arbeitsort selbst zu bestimmen. Digitalisierung eröffnet aber nicht nur die zeitliche und örtliche Selbstbestimmung des Arbeitens, sondern beschreibt einen grundlegenden Wandel der Arbeitswelt, der oft gemeinsam mit Industrie 4.0 und den neuen Möglichkeiten der Technik sowie der Vernetzung von Mensch, Maschine, Produktion und Internet genannt wird. Digitalisierung ist ein sehr breit verwendeter Begriff. Die Folgen der Digitalisierung werden auch im Zusammenhang mit sozialer Ungleichheit, drohendem Arbeitsplatzverlust und einer generellen Änderung der Erwerbsarbeit durch Automatisierungsprozesse, künstliche Intelligenz und Robotik diskutiert (Flecker, 2017). Neue Überwachungs- und Kontrollmöglichkeiten durch Trackingsysteme sowie eine permanente Erreichbarkeit für Arbeitsbelange auch außerhalb regulärer Arbeitszeiten durch IKT wie beispielsweise Smartphones bringen Beschäftigte vielerorts unter enormen Druck. Das berufliche und private Leben ändert sich durch digitale Prozesse, Medien, Kommunikation und Onlinedienste; alles scheint möglich, immer und überall, Tag und Nacht.

Die Covid-19-Pandemie beschleunigte diese Entwicklungen brennglasartig und befeuerte begonnene Prozesse wie das Arbeiten im Homeoffice. Sie avancierte zu einem wahren Homeoffice-Booster. Dadurch wanderten zahlreiche Beschäftigte zum Teil unfreiwillig und unvorbereitet ins Homeoffice. Erst im Laufe der Zeit wurden die notwendige technische Infrastruktur, die strukturellen Voraussetzungen und der Zugang zu arbeitsrelevanten Daten bereitgestellt sowie die rechtlichen Rahmenbedingungen auf nationalstaatlicher und europäischer Ebene erarbeitet. Überwogen in den ersten Wochen der Pandemie die Vorteile des Arbeitens in den eigenen vier Wänden, wie beispielsweise sich den Anfahrtsweg zum Arbeitsplatz und retour zu ersparen, zeichneten sich nach und nach auch die Schattenseiten dieses „New Way of Working" ab.

Insgesamt gibt es eine Vielzahl unterschiedlicher Formen zeitlich und örtlich flexibler Arbeitsprozesse. Die zeitliche Flexibilität wird durch Vertrauensarbeitszeit, Gleitzeit, Teilzeitarbeit, Verkürzung der Arbeitszeit auf eine 4-Tage-Arbeitswoche bezeichnet, während sich die örtliche Flexibilität in Konzepten wie Telearbeit, mobile Arbeit, Desksharing, Co-Working-Spaces ausdrückt, die meist einen Teil der Arbeit im Homeoffice beinhalten. Der zunehmenden Flexibilität in der Arbeitswelt wird aber auch durch temporär befristete Arbeit (z. B. Leiharbeit) oder Click-, Cloud- und Crowdwork Rechnung getragen. Wichtig ist es hier zu betonen, dass es grundlegende Unterschiede bei den Auswirkungen von flexiblem Arbeiten auf die Beschäftigten und ihr Wohlbefinden gibt, je nachdem, ob die Flexibilität durch die Beschäftigten selbstbestimmt oder durch den Job bzw. den Arbeitgeber fremdbestimmt erfolgt (Feuchtl et al., 2016). Potenzielle Auswirkungen der fremdbestimmten Flexibilität sind gesundheitliche Einschränkungen wie Konzentrationsstörungen und Probleme beim Abschalten von der Arbeit (Arlinghaus & Nachreiner, 2013, 2014). Denn wenn Arbeitsflexibilität fremdbestimmt ist, dann wird eine wichtige Ressource in der Arbeitsgestaltung – die Autonomie – für die Beschäftigten eingeschränkt. Wenn flexibles Arbeiten allerdings eingeführt wird, damit die Beschäftigten ihre Arbeits- und privaten Aufgaben besser miteinander vereinbaren können, dann spricht man von **selbstbestimmter Arbeitsflexibilität.** Selbstbestimmte Flexibilität geht mit höherer Zufriedenheit und Erholung einher (Peters et al., 2014). Wir gehen davon aus, dass abseits der Pandemie die meisten Beschäftigten freiwillig im Homeoffice sind und die Arbeitszeit und den Arbeitsort bis zu einem gewissen Ausmaß selbst bestimmen können, und richten uns mit diesem Buch ganz gezielt an jene Beschäftigten, die zumindest teilweise im Homeoffice arbeiten dürfen, aber nicht müssen.

Homeoffice ist ein Anglizismus, der sich aus den englischen Wörtern für *zuhause* und *Büro* zusammensetzt, und wird in vielen Betrieben auch als „mobiles Arbeiten" bezeichnet. Demnach arbeiten die Beschäftigten mobil aus dem Homeoffice entweder ausschließlich zuhause (z. B. mit Laptop im eigenen Arbeitszimmer) oder nur gelegentlich und abwechselnd an ihrem Arbeitsplatz auf dem Gelände des Unternehmens. Homeoffice muss von traditionelleren Begriffen wie Telearbeit abgegrenzt werden. Das ist vor allem aus rechtlichen Gründen notwendig. Während Telearbeit in den meisten Fällen arbeits- und kollektivvertraglich geregelt wird, ist Homeoffice nach wie vor betriebliche Vereinbarungssache. Das bedeutet, dass – im Gegensatz zum Homeoffice – Telearbeit strengeren Regeln unterliegt: Beschäftigte benötigen beispielsweise einen fix eingerichteten Bildschirmarbeitsplatz, den das Unternehmen genauso wie alle notwendigen technischen Mittel bereitstellen und finanzieren muss. Auch die wöchentliche Arbeitszeit ist bei Telearbeit vertraglich fest verankert (Kohlrausch et al., 2019). Im DACH-Raum (Deutschland, Österreich, Schweiz) wurde eine extreme Steigerung von Homeoffice während der Covid-19-Pandemie wahrgenommen (Schwarzbauer & Wolf, 2020). Eine Studie im Auftrag des österreichischen Bundesministeriums für Arbeit zeigt z. B., dass 39 Prozent aller unselbstständig Erwerbstätigen in Österreich von März bis November 2020 zumindest vier Wochen lang im Homeoffice tätig waren (OGM Studie, 2021). Rund die Hälfte der Beschäftigten war erstmals im Homeoffice, da sie vor der Pandemie nicht die Möglichkeit dazu hatten. In Deutschland und der Schweiz sieht es ähnlich aus: Jeweils knapp 25 Prozent aller Beschäftigten arbeiteten vor der Covid-19-Pandemie im Homeoffice (Demmelhuber et al., 2020). Während in Deutschland und Österreich in mehr als 90 Prozent aller großen Unternehmen Homeoffice eingeführt wurde, gab es bei Kleinunternehmen wenig Möglichkeit, von zuhause aus zu arbeiten.

Vor der Covid-19-Pandemie hatten meist nur hochqualifizierte Wissensarbeiter*innen die Möglichkeit, örtlich flexibel zu arbeiten. Als **Wissensarbeiter*innen** werden jene Beschäftigten bezeichnet, die nicht für ihre körperliche Arbeit und manuellen Fähigkeiten bezahlt werden, sondern für die Anwendung ihres erworbenen Wissens (Drucker, 2004; Gajendran et al., 2015). Viele Leistungen dieser Berufsgruppe sind nicht an einen bestimmten Ort gebunden (z. B. administrative Tätigkeiten, Beratungen oder Softwareentwicklung). Ausgenommen sind hier natürlich Wissensberufe mit körperlichem Bezug zu Klient*innen wie beispielsweise Ärzt*innen. Berücksichtigt man also, dass sehr viele Beschäftigte aufgrund ihrer Tätigkeit keine Möglichkeit hatten, ins Homeoffice zu wechseln, ist der Anteil jener, die nun Erfahrung mit Homeoffice haben, beträchtlich. Dieser Anteil unterscheidet sich nach soziodemografischen Merkmalen wie Alter, Geschlecht oder Bildung. Unterschiede gibt es auch zwischen den Branchen sowie durch die Frage, ob eine Betreuungspflicht schulpflichtiger Kinder während einer Lockdownphase bestand. Öffentliche Vertragsbedienstete, Angestellte im Informations- und Kommunikationssektor, im Finanz- und Versicherungsbereich sowie im Erziehungs- und Unterrichtsbereich arbeiteten 2020 mehrheitlich im Homeoffice (OGM et al., 2021).

Unternehmen hatten je nach Branche und Tätigkeitsfeld zu Beginn der Pandemie unterschiedliche Erfahrungen mit Homeoffice. Die Bedenken in Bezug auf Homeoffice waren vielfältig und betrafen unter anderem Fragen des Datenschutzes und der Datensicherheit, die Angst des Kontrollverlusts über die Mitarbeiter*innen, eine generelle Unsicherheit der Führungskräfte in Bezug auf virtuelle Teamführung oder Aspekte der Unternehmenskultur (Arnold et al., 2015). Durch die kurzfristige Einführung des Homeoffice wurden in zahlreichen Betrieben die bestehenden Strukturen und Prozesse der Arbeitsleistung und Zusammenarbeit grundlegend in Frage gestellt, aber trotzdem blieben viele Unternehmenskulturen im Kern unverändert, was sich in der Realität zu einer zusätzlichen Belastung für Beschäftigte entwickelte. Dennoch hat die Covid-19-Pandemie in manchen Unternehmen zu einem Umdenken in Bezug auf Homeoffice beigetragen (OGM et al., 2021).

Bezüglich der Frage, wie Homeoffice nach der Covid-19-Pandemie gehandhabt werden soll, zeigen Studien (Kunze et al., 2020), dass sowohl die Beschäftigten als auch die Arbeitgeber*innen eine Kombination aus Homeoffice und Arbeiten vor Ort bevorzugen. Ausschließlich im Homeoffice zu arbeiten können sich die wenigsten vorstellen, da dadurch die empfundenen Nachteile wie der mangelnde persönliche Austausch mit Kolleg*innen und das Verschwimmen der Grenzen zwischen Arbeit- und Privatleben verstärkt werden. Intensive IKT-Nutzung im Homeoffice erhöht das Gefühl, ständig für Arbeitsbelange erreichbar sein zu müssen (Braukmann et al., 2018). Jedoch nutzen die Beschäftigten im Homeoffice meist zwangsläufig IKT-Geräte, denn ohne virtuelle MS-Teams-/Zoom-Meetings, cloudbasierte Speichermöglichkeiten, Internetplattformen, E-Mail- und Onlinedienste sowie multifunktionale Smartphones wäre Homeoffice heute in dieser Form unmöglich (Ten Brummelhuis et al., 2012).

Unterschiedliche Varianten von flexiblen Arbeitsprozessen bergen sowohl Chancen als auch Herausforderungen für Beschäftigte, die nicht unabhängig voneinander sind und auch paradoxe Effekte verursachen können. So gibt es im Homeoffice einerseits bessere Möglichkeiten, die Balance zwischen Arbeit und Privatleben herzustellen, andererseits führt genau das Verschwimmen von Grenzen im Homeoffice dazu, dass mehr Konflikte zwischen Arbeits- und Privatleben entstehen. Studien zeigen nämlich, dass es bei flexibler Arbeit sogar zu einer Steigerung der Arbeitsintensität kommen kann (Kelliher & Anderson, 2010) und deuten auf die Gefahr hin, dass sich die Arbeitszeit durch das Homeoffice verlängert (Krause et al., 2015). Die ersparte Pendelzeit zur Arbeit wird oftmals in zusätzliche Arbeitszeit investiert. Diese Befunde zeigen also, dass sich die Anforderungen (und auch die Ressourcen) im Homeoffice verändern und die Beschäftigten lernen müssen, die gewonnene Autonomie nutzenbringend einzusetzen und selbst entsprechende Grenzen zu setzen.

Homeoffice setzt daher Selbstorganisation und Selbstführung voraus. Das kann als befreiend und autonom erlebt, aber durchaus auch kritisch betrachtet werden. Denn durch die Selbstorganisation von Arbeitsaufgaben in Kombination mit einer umfassenden Einbringung persönlicher Kompetenzen avancieren die Beschäftigten immer mehr zum/zur „Unternehmer*in seiner/ihrer selbst". Dieses Phänomen wird in der Soziologie unter dem Begriff **„Arbeitskraftunternehmer*in"** zusammengefasst (Voß & Pongratz, 1998). Um den Anforderungen und dem Konkurrenzdruck der heutigen Arbeitswelt gerecht zu werden, müssen Beschäftigte ihr ganzes Können und ihre gesamte Persönlichkeit in die Arbeit einbringen. Für viele Beschäftigte bedeutet das mehr Druck, mehr Verantwortung und mehr Belastung. Einerseits müssen Beschäftigte sich selbst und die Durchführung ihrer Aufgaben organisieren, andererseits unterliegen sie einer permanenten indirekten Steuerung seitens des Unternehmens, die durch Zielvorgaben, Termindruck und Aufstiegsversprechen zum Ausdruck kommt (Peters, 2011).

Diese Anforderungen verstärken sich im Homeoffice zusätzlich, da die Beschäftigten häufig selbst entscheiden, wann sie welche Aufgaben mit welcher Intensität und mit welcher Priorisierung verrichten und wann sie arbeiten und wann sie Freizeit haben, auch wenn sie dabei in denselben Räumlichkeiten bleiben. Oft geben Organisationen zwar Empfehlungen ab, nicht am Abend oder am Wochenende zu arbeiten. Allerdings führen hochgegriffene Zielvorgaben der Unternehmensführung und produktivitätssteigernde Managementkonzepte dazu, dass die Beschäftigten vortäuschen, alles zu schaffen, jedoch dabei ihre Arbeitszeiten erweitern oder intensivieren sowie Schonzeiten bei Krankheit nicht einhalten, um diese Ziele erreichen zu können. Zudem besteht die Gefahr, dass stark geforderte Beschäftigte häufig auch auf Substanzen (z. B. Alkohol, Nikotin oder Medikamente) zurückgreifen, um sich in der beschränkten verbleibenden Freizeit schneller zu erholen. Dieses Verhalten nennt man **„interessierte Selbstgefährdung"** (Krause et al., 2015). Es umfasst jenes gesundheitsgefährdende Verhalten, das einerseits zugunsten der Arbeit und andererseits aufgrund der indirekten, leistungsorientierten Steuerung durch das Unternehmen eingegangen wird. Sich in belastenden Situationen aktiv abzugrenzen, fällt vielen schwer. Eine Hilfestellung von außen, wenn es darum geht, die Arbeit zu begrenzen und genügend Freiräume für Erholung zu schaffen, ist häufig unternehmensseitig nicht gegeben. Das bedeutet, Beschäftigte müssen zum Schutz ihrer eigenen Gesundheit selbst aktiv werden. Welche Grenzen im Homeoffice zu berücksichtigen sind und welche Auswirkungen diese Grenzen auf Arbeit und Wohlbefinden haben, beschreibt der nächste Abschnitt.

2.2   Die (verschwimmenden) Grenzen im Homeoffice

Die Symbiose der digitalen Arbeitswelt mit internetbasierten Kommunikationsmöglichkeiten lässt bei Beschäftigen schnell den Eindruck entstehen, dass Arbeit scheinbar niemals endet. Denn IKT und onlinebasierte Speicher- und Serverdienste ermöglichen uns heute, weitgehend „entgrenzt", also von Zeit und Ort unabhängig, zu arbeiten (Flecker, 2017; Jürgens, 2010). **Entgrenzung** bedeutet vor diesem Hintergrund die Erosion, die Ausdehnung oder das Verschwimmen von Grenzen zwischen verschiedenen Lebenswelten wie beispielsweise zwischen Erwerbsarbeit und Privatleben. Mit Privatleben sind dabei alle Lebensbereiche gemeint, die nicht der Erwerbsarbeit zugeordnet werden, wie unter anderem Versorgungsarbeit, Freizeit oder ehrenamtliche Tätigkeiten (Kratzer, 2008).

Entgrenzungen finden jedoch nicht nur zwischen Arbeit und Privatleben, sondern auch zwischen Beschäftigten und Arbeitsleistung statt. Unternehmen nutzen durch Subjektivierung alle Ressourcen ihrer Beschäftigten für betriebliche Belange. „**Subjektivierung**" wird jene Form von Entgrenzung genannt, die die Beschäftigten dazu bringt, ihre gesamte Person in die Arbeit einzubringen. Sie impliziert ein intensives Wechselverhältnis zwischen Arbeit und Privatleben (Kleemann et al., 1999), das sich auf die Qualität der Arbeit und die Erholung von Beschäftigten in der Freizeit auswirkt. In der betrieblichen Praxis bedeutet das beispielsweise, dass Projekte mit strengen Terminvorgaben von den Beschäftigten auch noch außerhalb der regulären Arbeitszeit verfolgt werden. Das begünstigt allerdings selbstgefährdendes Verhalten wie beispielsweise das Ausdehnen der Arbeitszeit (Krause et al., 2015) und führt auf Dauer zu gesundheitlichen Beeinträchtigungen sowie Schlafmangel und Konzentrationsstörungen (Dettmers et al., 2016; Hartner-Tiefenthaler et al., 2017). Um diese gesundheitlichen Folgen zu verhindern, ist regelmäßige Erholung für Beschäftigte von zentraler Bedeutung. Sie hilft, belastende Herausforderungen zu bewältigen, eigene Ressourcen zu aktivieren und so einen unverzichtbaren Ausgleich zwischen Arbeitsanforderung und Arbeitsbewältigung herzustellen (Brinkmann, 2014).

Viele Beschäftigte mussten während der Pandemie die Erfahrung machen, dass zuhause zu arbeiten keine unbegrenzten Vorteile bringt, sondern vielmehr auf (eigene) Grenzen stößt. Vor diesem Hintergrund stellt sich für sie zunehmend die Frage, welches Ausmaß an Homeoffice nach der Pandemie gesund ist. Studien zeigen in diesem Zusammenhang, dass das Ausmaß – also wie lange bzw. wie viele Tage pro Woche man im Homeoffice arbeitet – einen kurvilinearen Zusammenhang mit der Arbeitszufriedenheit der Beschäftigten zeigt. Bis zu einem gewissen Ausmaß zeigt sich ein positiver Zusammenhang, d. h., je mehr Homeoffice gemacht wird, desto zufriedener ist man im Job. Wird jedoch der Anteil an Homeoffice sehr hoch, dann kehrt sich der positive Zusammenhang ins Negative. Ein intensives Ausmaß an Homeoffice geht daher sogar mit geringerer Arbeitszufriedenheit einher (Golden & Veiga, 2005).

Um der selbstinitiierten Arbeitsverlängerung und Selbstgefährdung zu begegnen, haben einige Unternehmen begonnen, den Mailserver zu einer gewissen Uhrzeit zu sperren. So leitet beispielsweise bei Volkswagen der E-Mail-Server außerhalb der Kernarbeitszeiten keine E-Mails mehr an die Beschäftigten weiter. Bei Porsche gab es Überlegungen, noch einen Schritt weiterzugehen und Mails außerhalb der Arbeitszeit automatisch löschen zu lassen. Aktuell diskutiert die EU darüber, die Unerreichbarkeit nach Feierabend als Grundrecht festzulegen (Der Spiegel, 2017; Stefan, 2021). Die Folge davon ist, dass sich die Beschäftigten nicht mehr mit der Frage auseinandersetzen müssen, ob sie auf ein spätes E-Mail beispielsweise von einem Vorgesetzten unverzüglich antworten müssen. Die Sinnhaftigkeit des Blockierens der E-Mail-Nachrichten außerhalb der Arbeitszeit kann allerdings auch kritisch diskutiert werden, da damit die Selbstbestimmung der Beschäftigten über die Arbeitszeit eingeschränkt wird. Insgesamt scheinen die Meinungen zu diesem Thema auseinanderzugehen. Das zeigt eine Befragung mit 674 Beschäftigten hinsichtlich der Frage, ob nach Dienstschluss das Empfangen von E-Mails gesperrt werden sollte. Jeweils 23 Prozent der Beschäftigten ohne Führungsfunktion gaben ihre absolute Zustimmung bzw. Ablehnung. Die Ablehnung des Blockierens von E-Mails außerhalb der Arbeitszeiten war bei Führungskräften noch stärker (33 Prozent) ausgeprägt (Feuchtl et al., 2016), vermutlich weil Führungskräfte mehr Selbstbestimmung in Bezug auf ihre Arbeitszeit haben und von der Möglichkeit Gebrauch machen möchten, auch abends noch von zuhause aus zu arbeiten. Da das grundsätzliche Blockieren der E-Mails außerhalb der Arbeitszeit schwer umsetzbar ist, ist es notwendig, in den Betrieben die Erwartungen abzuklären und gemeinsam Maßnahmen für einen gesunden Umgang mit der Erreichbarkeit außerhalb der Arbeitszeit setzen zu können. Denn die Erreichbarkeit außerhalb der Arbeitszeit ist ein Phänomen, das mittlerweile in vielen Betrieben allgegenwärtig ist und genauerer Betrachtung bedarf.

2.2.1 Erweiterte Erreichbarkeit und „always on"

Am Weg zur Arbeit oder abends vom Sofa aus noch schnell ein paar E-Mails beantworten; eine Präsentation für Montag am Sonntagabend fertigstellen, damit man „gut" für die kommende Arbeitswoche gerüstet ist; zwischen Spielplatz und Supermarkt E-Mails mit Arbeitsaufträgen lesen und sich gedanklich damit zu beschäftigen; ein Projekt nach Feierabend, im Urlaub oder am Wochenende zu bearbeiten, um vorgegebene Deadlines einhalten zu können – das alles gehört für viele Beschäftigte zu ihrem subjektivierten und entgrenzten Lebensalltag und impliziert das Gefühl, **„always on"** und ständig (digital) erreichbar zu sein (Rau & Göllner, 2019). In der Literatur wird arbeitsbezogene erweiterte Erreichbarkeit als unregulierte Verfügbarkeit der Beschäftigten für Arbeitsanforderung in ihrer Freizeit, also außerhalb ihrer regulären Arbeitszeiten und ihres regulären Arbeitsorts, definiert (IGA, 2013). Das betrifft oft die Erreichbarkeit am Wochenende, am Feierabend, im Urlaub oder im Krankenstand und findet meist ohne vertragliche oder tarifliche Regelungen sowie ohne vorab definierte Reaktionszeit statt (Bergman & Gardiner, 2007; Dettmers, 2017). Gleichzeitig ist organisations- und teamseitig die – oft unausgesprochene – Erwartung daran geknüpft, dass auf arbeitsbezogene Anfragen auch in der Freizeit (unmittelbar) reagiert werden muss (Mazmanian et al., 2013; Rau & Göllner, 2019). Studien zeigen, dass die gefühlten Erwartungen für Erreichbarkeit genauso nachteilig für die Gesundheit sind wie die tatsächlichen Kontakte mit der Arbeit außerhalb der Arbeitszeit (Dettmers et al., 2016). Beim Rufdienst bzw. beim Bereitschaftsdienst wird im Unterschied zur unregulierten Erreichbarkeit die Erreichbarkeit vertraglich vereinbart und damit auch entlohnt. Die erweiterte Erreichbarkeit bezieht sich hingegen auf einen Zustand, in dem die Arbeit zwar formell betrachtet beendet wird, Beschäftigte jedoch – auch freiwillig – weiterhin für die Arbeit verfügbar bleiben (Dettmers et al., 2016; Schlachter et al., 2018).

Verschiedene Studien zeigen in diesem Zusammenhang, dass mehr als die Hälfte der Beschäftigten auch außerhalb ihrer Arbeitszeit für Arbeitsbelange erreichbar sind. Beispielsweise gaben in einer österreichischen Studie 67 Prozent der Befragten an, unter der Woche auch nach dem Ende des Arbeitstages für Arbeitsbelange erreichbar zu sein, und über 60 Prozent sind auch im Krankenstand verfügbar (Feuchtl et al., 2016). In einer aktuelleren deutschen Studie gaben sogar 72 Prozent der Befragten an, in ihrem Sommerurlaub (2021) für die Arbeit erreichbar zu sein. Davon waren 70 Prozent über Kurznachrichten wie beispielsweise WhatsApp, SMS oder Messenger verfügbar. Telefonisch konnten 60 Prozent im Urlaub kontaktiert werden, 31 Prozent per E-Mail, 21 Prozent per Videocall und 15 Prozent über Kollaborationstools wie Microsoft Teams oder Slack. Die erwartete Erreichbarkeit wird allerdings von den Beschäftigten oft als Belastung erlebt (Fritschi et al., 2019): Mehr als 60 Prozent derjenigen, die im Sommerurlaub dienstlich erreichbar sind, denken, dass dies die Führungskraft von ihnen erwartet, 55 Prozent möchten damit die Erwartungshaltung von Kolleg*innen erfüllen und 38 Prozent die von Kund*innen.

Eine breit angelegte Studie der Initiative Gesundheit und Arbeit veranschaulicht, dass es einen deutlichen Zusammenhang zwischen Erschöpfung der Beschäftigten und ihrer erweiterten Erreichbarkeit für die Arbeit durch verstärkte IKT-Nutzung gibt (Rau & Göllner, 2019). Beschäftigte, die auch außerhalb ihrer Arbeitszeit arbeiten oder erreichbar sind, fühlen sich in ihren Schlaf- und Erholungszeiten beeinträchtigt (Fritz et al., 2019). Zudem geht erweiterte Erreichbarkeit – genauso wie Homeoffice – mit einer hohen Arbeitsmenge, Mehrarbeit und Arbeitsintensivierung einher (Adkins & Premeaux, 2014). Die Zeit der Erholung von der Arbeit verkürzt sich dadurch maßgeblich.

Die gewonnene Flexibilität durch die Nutzung von IKT hinsichtlich der Arbeitszeit und des Arbeitsorts fördert hingegen die Erfüllung des Bedürfnisses nach Selbstbestimmung bzw. Autonomie. Dieses ist neben dem Kompetenzbedürfnis und dem Bedürfnis nach sozialer Einbindung eines der drei Grundbedürfnisse des Menschen (Deci & Ryan, 1985). Die **Autonomie** wird also als wichtige Ressource im Arbeitsleben gesehen, da sie Handlungs- und Entscheidungsfreiheit impliziert (Wall et al., 1995) und auch die Arbeitsmotivation stärkt (Deci et al., 2017). Die Motivation wird dann als „autonom" betrachtet, wenn sie aus sich heraus entsteht und von einem Gefühl der Freiwilligkeit und Freude begleitet wird (Deci et al., 1999). Autonom motivierte Beschäftigte verrichten ihre Arbeit um ihrer selbst willen und fühlen sich nicht dazu gezwungen oder verpflichtet.

Grenzenlose Freiheit hinsichtlich der Wahl der Arbeitszeit und des Arbeitsortes kann allerdings auch nachteilig für die Beschäftigten wirken. Beispielsweise kann sich durch einen Mangel an fixen Arbeitszeiten eine generelle Erwartungshaltung in der Organisation entwickeln, dass Mitarbeiter*innen ständig für die Arbeit verfügbar sind. Wenn es keine festgelegte Arbeitszeit gibt, dann fehlt auch die Definition der Nicht-Arbeit. Die autonome Gestaltung der Arbeitszeit kann daher schnell einer gefühlten Verpflichtung weichen, ständig für Arbeitsbelange erreichbar sein zu müssen (z. B. auch nach Arbeitsende mit den Kolleg*innen telefonieren oder E-Mails zu checken). Erweiterte Erreichbarkeit für die Arbeit kann einerseits daran liegen, dass die Organisationskultur dieses Verhalten unterstützt und man sonst Nachteile für den eigenen Job fürchten muss (Hartner-Tiefenthaler et al., 2017), andererseits erhoffen sich Beschäftigte möglicherweise auch einen Vorteil für die eigene Karriere oder sie können sich nicht von ihrer Arbeitsaufgabe lösen (Jürgens, 2019). Ein weiteres wichtiges Motiv, sich noch nach Feierabend mit Arbeitsinhalten zu beschäftigen, ist eine sehr hohe Arbeitsbelastung (Bowen et al., 2018) und unerledigte Arbeitsaufgaben oder Zeitdruck (Senarathne Tennakoon et al., 2013).

Im Homeoffice sind viele Beschäftigte besonders stark mit der Entgrenzung von Arbeits- und Privatzeit konfrontiert. Gerade, wenn in der Arbeit viel zu tun ist und man keine dringenden privaten Verpflichtungen an diesem Tag hat, kann das dazu führen, über die eigentliche Arbeitszeit hinaus zu arbeiten. Die Gründe, im Homeoffice Überstunden zu leisten, sind vielfältig. Einer Studie zufolge sind es vor allem das Einhalten von Deadlines, die erwarteten Vorteile für die Karriere und die Schwierigkeit, die Grenze zwischen der Arbeit und dem Privatleben zu ziehen (Thulin et al., 2019). Beschäftigte geben also den Arbeitsanforderungen Vorrang und verlieren dadurch ein Stück weit die Freiheit, ihren individuellen Interessen nachzugehen und ihre Freizeit für Erholung zu verwenden. Wenn die positiv konnotierte Autonomie durch kollektive Erwartungsnormen reduziert wird, wird das als **Autonomieparadoxon** bezeichnet und bedeutet, dass die Freiheit, arbeiten zu können, wann und wo man möchte, letztlich nicht mehr als jene Freiheit betrachtet wird, sondern als Verpflichtung, ständig und überall für die Arbeit erreichbar zu sein (Mazmanian, 2013). Um unter diesen Umständen interessierte Selbstgefährdung und einen Erholungsmangel zu vermeiden, ist es wichtig, die Grenzziehung zwischen Arbeit und Privatleben im Auge zu behalten und dem Arbeiten im Homeoffice aktiv Grenzen zu setzen. So verhindert man das Verschwimmen von Arbeit und Privatleben und macht die Erholung von der Arbeit in der Freizeit wahrscheinlicher.

2.2.2   Vermischung, Wechsel und Unterbrechung von Arbeit und Privatleben

Erweiterte Erreichbarkeit beeinträchtigt nicht nur die Erholung von der Arbeit, sondern bewirkt eine Fragmentierung von Arbeit und Privatleben (Clark, 2000). Das bedeutet, dass die Arbeitsstunden der Beschäftigten nicht in einer grundsätzlich zusammenhängenden durch kurze Pausen unterbrochenen Einheit verrichtet werden, sondern zwischen Arbeit und Privatleben aufgrund von mehreren längeren Einheiten pro Tag mehrmals gewechselt wird. Auf einige Stunden Arbeit folgt eine längere Pause mit Freizeit, die schließlich in eine weitere Arbeitsphase mündet, und danach schließt wieder eine Freizeitphase an. Dadurch werden nicht nur die Häufigkeit und die Dauer der Unterbrechungen größer, sondern es muss auch ständig die Rolle zwischen Beschäftigte*r und Privatperson gewechselt werden (Kossek, 2016). Nimmt ein*e Beschäftigte*r einen privaten Anruf während der Arbeitszeit entgegen, so findet ein Wechsel in die private Rolle und oft auch ein Wechsel des Habitus statt. Das bedeutet, der Beschäftigte zeigt dann andere Verhaltensweisen oder erlebt andere Emotionen als bei der Arbeit. Für die Rollenübernahme ist es also entscheidend, dass eine Rolle (Arbeit) unterbrochen werden muss, um sich einer anderen Rolle (Privatleben) zuwenden zu können und umgekehrt (Kossek, 2016; Kossek et al., 2012). Diese häufigen Wechsel innerhalb eines Tages und die daraus resultierenden Unterbrechungen stellen für Beschäftigte eine zusätzliche Herausforderung in ihrem Alltag dar und werden als **Mikrorollentransitionen** bezeichnet (Ashforth et al., 2000). Vor allem im Homeoffice kommt es vermehrt zu einer solchen Vermischung der Lebensbereiche. Um diese Vermischung zwischen Beruf und Privatleben zu begrenzen, kann man mit der bewussten Wahrnehmung symbolischer Marker entgegenwirken.

Symbolische Marker sind Hinweisreize, die eine bestimmte Rolle aktivieren wie beispielsweise die Rolle als Beschäftigte*r oder Elternteil. So signalisiert das Betreten des Bürogebäudes den Übergang zur Arbeit und das Abholen des Kindes aus der Kindertagesstätte den Übergang zur Rolle des Elternteils (Ashforth et al., 2000). Symbolische Marker unterstützen die Grenzziehung zwischen Arbeit und Privatleben und lassen sich in drei Kategorien einteilen (Clark, 2000). Erstens in örtliche Grenzen. Diese definieren, wo, also an welchem Ort oder in welcher konkreten physischen Situation, ein bestimmtes Verhalten gezeigt werden soll. Ein Beispiel dafür ist der örtliche Arbeitsplatz oder der private Wohnraum. Die zweite Kategorie betrifft die zeitlichen Grenzen. Sie geben vor, wann bestimmte Aufgaben erledigt werden müssen. Dazu zählt beispielsweise die Arbeitszeit. Schließlich gibt es noch die psychologischen Grenzen. Sie helfen uns zu erkennen, welche Denkmuster, Verhaltensweisen und Emotionen in bestimmten Kontexten angebracht sind und wo nicht. Sowohl der Bereich „Arbeit" als auch der Bereich „Privatleben" geht mit jeweils spezifischen Aufgaben, Verhaltensweisen, Gedanken und Normen einher, die die beiden Bereiche voneinander abgrenzen und darüber Auskunft geben, wo ein Bereich endet und wo ein anderer beginnt (Ashforth et al., 2000). Unser Verhalten entspricht also oft dem Kontext und unseren Rollen darin. So ist im Arbeitskontext die Sprache häufig förmlicher als im privaten Bereich. Örtliche und zeitliche Grenzen helfen Menschen dabei, psychologische Grenzen herzustellen (Clark, 2000). Sind sie stark ausgeprägt, ist es leichter, die psychologische Grenze zwischen Arbeit und Privatleben zu ziehen und aufrechtzuerhalten. Zum Beispiel ist es sinnvoll, den Arbeitstag im Homeoffice durch einen Raumwechsel bewusst zu beenden. Durch diese physische oder örtliche Grenze können Beschäftigte die psychologische Grenze von der Arbeit in das Privatleben besser passieren.

Die Vereinbarkeit von Arbeit und Privatleben ist ein weites Forschungsfeld, das durch New Ways of Working noch weiter an Relevanz gewonnen hat. Sogenannte Rollenkonflikte werden als eine Unvereinbarkeit zweier Rollenanforderungen verstanden, die sich beispielsweise aus der Verantwortung im Job und der Verantwortung in der Familie ergeben (Greenhaus & Beutell, 1985). In einer Studie von Voydanoff (2005) zeigte sich, dass weniger das Arbeiten von zuhause, sondern das Mitbringen von Arbeit nach Hause den wahrgenommenen Stress erhöht und die Vereinbarkeit zwischen Arbeit und Privatleben reduziert. Freie Zeit für familiäre Verpflichtungen und eine familienförderliche Arbeitskultur hingegen fördern die Vereinbarkeit von Arbeit und Privatleben.

Obwohl Homeoffice prinzipiell die Möglichkeit bietet, ohne Unterbrechungen durch Kolleg*innen konzentrierter zu arbeiten, erhöht sich gleichzeitig auch die Wahrscheinlichkeit, sich selbst zu unterbrechen, um z. B. alltägliche Dinge im Haushalt zu erledigen oder Betreuungspflichten nachzukommen (Büssing & Drodofsky, 2000). Da die örtliche Grenze im Homeoffice kaum vorhanden ist, sind die Beschäftigten im Homeoffice gefordert, die psychologische Grenze zwischen Arbeit und Privatleben aktiv zu ziehen. In Zeiten klassischer Büroarbeit ohne IKT-Nutzung waren die Bereiche Arbeit und Privatleben strikt voneinander getrennt. Man ließ die Arbeit im Büro zurück, denn ohne Laptops und Smartphones mit E-Mail-Funktion konnte man von zuhause aus nicht produktiv arbeiten. Vereinzelt wurden Arbeitsmaterialien in ausgedruckter Form mitgenommen und am Wochenende oder am Abend bearbeitet. Die meisten Aufgaben wurden jedoch im Büro während der regulären Arbeitszeit erledigt (Kossek, 2016). Doch die Digitalisierung und mit ihr die intensive IKT-Nutzung änderten diese Zugänge zur Arbeit. Arbeit ist nun ständig und überall verfügbar und nicht mehr an bestimmte Zeiten gebunden. Das ermöglicht auch, private Anforderungen kurzfristig zu priorisieren, da die Arbeitszeiten spontan ausgedehnt und verändert werden können. Insgesamt variiert die Durchlässigkeit der Grenze zwischen Arbeit und Privatleben von Person zu Person (Ashforth et al., 2000; Kreiner et al., 2006). Manche Menschen präferieren es, Arbeit und Privatleben klar voneinander zu trennen, andere hingegen lassen sie gerne miteinander verschwimmen (Kossek, 2016; Kreiner et al., 2006). Es kann jedoch sicher davon ausgegangen werden, dass, je mehr man auch außerhalb der Arbeit für berufliche Belange erreichbar ist, desto stärker wird das Privatleben beeinträchtigt (Mellner, 2016). Diese wechselseitigen Unterbrechungen von Arbeit und Privatleben sind im Homeoffice wahrscheinlicher als in einem Büro in den Unternehmensräumlichkeiten.

Im Homeoffice ist es möglicherweise auch schwieriger, nach einer privaten Unterbrechung wieder aktiv zurück in die Arbeitsrolle zu finden und umgekehrt. Eine wichtige Hilfestellung hierbei ist das Gefühl, die Grenze bewusst gestalten zu können und die Kontrolle über die Erreichbarkeit außerhalb der Arbeitszeit zu behalten (Park et al., 2020).

2.3   Herausforderungen im Homeoffice

Unbestritten hat Arbeit für viele Menschen einen zentralen Stellenwert. Das „Normalarbeitsverhältnis" (z. B.: rechtlich regulierter Arbeitstag von bis zu 8 Stunden, die innerhalb der Unternehmensräumlichkeiten absolviert werden) befindet sich vielerorts in Auflösung und mit ihr die strikte Trennung zwischen Arbeits- und Privatleben. In diesem Kapitel geht es darum, anhand der wissenschaftlichen Literatur darzustellen, mit welchen Anforderungen Personen im Homeoffice konfrontiert sind und welche Ressourcen Bedeutung haben, um diesen speziellen Anforderungen gerecht zu werden. Wenn die Balance zwischen Arbeitsanforderungen und Arbeitsressourcen ins Ungleichgewicht gerät, führt das zu unterschiedlichen physischen und psychischen Beanspruchungen. Relevant dabei ist nicht nur die Frage, wie Arbeit organisiert und gestaltet wird, sondern auch, wie die Beschäftigten selbst mit den Herausforderungen im Homeoffice umgehen. Insgesamt ist es wichtig, die Arbeit im Homeoffice so zu planen, dass weder die Unterbrechungen aus der Arbeit noch aus dem Privatleben den Arbeitsprozess übermäßig beeinträchtigen. Wenn die Arbeitslast sehr hoch ist, dann ist es wahrscheinlicher, dass am nächsten Tag zuhause gearbeitet wird. Und umgekehrt, wenn viele Unterbrechungen aus dem Privatleben vorkommen oder die Koordination mit Kolleg*innen schwierig ist, dann steigt die Wahrscheinlichkeit, dass der nächste Arbeitstag im Büro verbracht wird (Shao et al., 2021).

Beschäftigte und Organisationen sind gefordert, sich an das Arbeiten im Homeoffice anzupassen. Diese Anpassungsanstrengungen können sowohl auf kognitiver als auch auf emotionaler Ebene erfolgen (Bakker & Demerouti, 2007; Demerouti & Nachreiner, 2019). Denn Belastungen resultieren einerseits aus physischen Bedingungen wie z. B. durch einen inadäquaten Bürostuhl im Homeoffice, andererseits durch soziale oder organisationale Bedingungen. In der Praxis hängen diese Aspekte oft zusammen. Wenn die Internetverbindung im Homeoffice schlecht ist und dadurch die Videokonferenz mit Kolleg*innen ständig unterbrochen wird, dann kommt es auf der emotionalen Ebene zu Ärger und Gereiztheit, aber auch die Kolleg*innen sind davon betroffen. Neben den technischen Problemen kann es im Homeoffice auch zu privaten Unterbrechungen der Arbeit kommen (beispielsweise klingelt es an der Tür oder die Kinder stürmen ins Arbeitszimmer). Doch wenn nicht gerade Lockdown ist, wo die Kinder zuhause sind und Betreuung benötigen, dann ist ungestörtes Arbeiten im Homeoffice einfacher möglich.

Autonomie, die dem flexiblen Arbeiten zugrunde liegt, wird in der Literatur als Ressource gesehen und damit positiv bewertet. **Arbeitsressourcen** sind psychische, physische, soziale oder organisationale Aspekte der Arbeit, die immanent für die persönliche Weiterentwicklung und Lernfähigkeit, für die Erreichung bestimmter (Arbeits-)Ziele und natürlich für die Bewältigung von Arbeitsanforderungen sind. Sie unterstützen die Arbeitsmotivation nachweislich – vor allem wenn die Anforderungen hoch sind (Bakker & Demerouti, 2007). Klassische Arbeitsressourcen in der Büroarbeit sind beispielsweise der Austausch mit Kolleg*innen, kurze Arbeitswege, direkte Kommunikation und Wertschätzung sowie ausreichende technische Ausstattung (Herrmann & Cordes, 2020). Als Ressourcen speziell im Homeoffice gelten die Zeitersparnis aufgrund des fehlenden Anfahrtsweges, mehr Flexibilität und eine bessere Vereinbarkeit in Bezug auf Betreuungspflichten (Grunau et al., 2019). Auf der anderen Seite entstehen aufgrund des Homeoffice auch neue Anforderungen für Beschäftigte. Allgemein versteht man unter **Anforderungen**, dass Menschen Anstrengungen aufwenden müssen, um sie zu bewältigen. Sie bezeichnen alle körperlichen, psychologischen, sozialen und organisationalen Merkmale der Arbeit, die von den Beschäftigten körperliche und/oder psychologische (kognitive und emotionale) Anstrengung verlangen und daher mit bestimmten physiologischen und/oder psychologischen Kosten (z. B. Stress) assoziiert sind (Bakker & Demerouti, 2007).

Im Arbeitsanforderungen-Arbeitsressourcen-Modell von Bakker und Demerouti (2007, 2017) wird beschrieben, wie sich Arbeitsanforderungen und Arbeitsressourcen direkt auf Arbeitsengagement und Burnout auswirken und wie sie gegenseitig ihre Wirkung beeinflussen. Dabei nimmt das Modell zwei unterschiedliche Prozesse zur Entstehung von Arbeitsengagement und Burnout an (Demerouti & Nachreiner, 2019): Hohe Arbeitsanforderungen (z. B. sehr viele Aufgaben und Zeitdruck) führen auf Dauer zu Erschöpfung und Burnout, während das Vorhandensein von hinreichenden Arbeitsressourcen (z. B. Arbeitsautonomie, Unterstützung von Kolleg*innen) das Arbeitsengagement der Beschäftigten fördert (Bakker & Demerouti, 2007). Daher ist es wichtig, dass Beschäftigte ausreichend Arbeitsressourcen zur Verfügung haben, um ihren Job motiviert und gesund ausführen zu können. Prinzipiell gilt: Je intensiver die Anforderungen der Beschäftigten sind, desto mehr Ressourcen müssen sie zur Bewältigung und Regeneration heranziehen.

Über sogenannte **Spillover-Effekte** beeinflussen hohe berufliche Anforderungen nicht nur das Berufsleben, sondern auch das Privatleben (Bakker & Demerouti, 2013). Mit Spillover-Effekten sind jene Erfahrungen gemeint, die von einem Lebensbereich in einen anderen übertragen werden. Sie sind in beide Richtungen möglich: Arbeitsbezogene Anforderungen können den privaten Bereich beeinflussen und umgekehrt können private Anforderungen den Arbeitsbereich beeinflussen (Bakker & Demerouti, 2013). Hat beispielsweise eine Person einen Konflikt mit einem Kollegen oder einer Kollegin, wird der Unmut darüber wahrscheinlich nicht genau bis zum Ende des Arbeitstages abgeklungen sein, sondern auch darüber hinaus gehen. Die betroffene Person ist wahrscheinlich auch nach der Arbeit noch gereizt und belastet mit ihrer schlechten Stimmung auch das Abendessen mit der Familie. Andersherum kann sich z. B. ein Streit mit der Partnerin negativ auf die Arbeit auswirken, indem die Person während der Arbeit abgelenkt und in Gedanken versunken ist. Negative Spillover-Effekte führen zu Konflikten zwischen Arbeit und Privatleben (Frye & Breaugh, 2004), wobei es allerdings auch positive Spillover-Effekte gibt, bei denen positive Erlebnisse aus dem Beruf das Privatleben bereichern und umgekehrt (Bakker & Demerouti, 2013).

Stress entsteht oft als „transaktionaler Prozess" aus der wechselseitigen Beziehung zwischen Menschen und ihrer Umwelt (Lazarus & Folkman, 1984). Dabei ist die individuelle Bewertung wesentlich, denn die gleiche Situation kann unterschiedlich wahrgenommen und entweder als belastend oder als angenehm erlebt werden. Schon allein die Möglichkeit der ständigen digitalen Verbundenheit reicht aus, um manche Beschäftigte in einen Stresszustand zu versetzen und das Abschalten von der Arbeit zu erschweren (Gregg, 2011; Thulin et al., 2019). Stress wird als **„Stressreaktion"** verstanden, die sich in die Phasen Alarmreaktion, Widerstand und Erschöpfung unterteilt (Selye, 1956). **Stressoren** können sowohl physischen (z. B. körperliche Anstrengung, Kälte, Schlaflosigkeit) als auch psychischen Ursprungs (z. B.: Streit, soziale Isolation) sein. Mit Stressoren sind Aspekte der Arbeit gemeint, die mit einem unangenehmen Ausmaß an körperlicher Erregung, mit kognitiven Belastungen und mit physischen Beeinträchtigungen einhergehen (Kahn & Byosiere, 1992; Sonnentag & Fritz, 2015). Es gibt bei der Arbeit unterschiedliche Formen von Stressoren, wie beispielsweise aufgabenbezogene Stressoren oder Rollenstressoren. Ein aufgabenspezifischer Stressor ist unter anderem der Zeitdruck, der entsteht, wenn eine Deadline näher rückt. Auch komplexe Arbeitsprozesse oder Unterbrechungen bei der Arbeit sind den aufgabenspezifischen Stressoren zuzuordnen. Rollenstressoren hingegen wären unklar definierte Zuständigkeiten oder Rollenkonflikte, die zwischen der Arbeit und dem Privatleben auftreten können.

Im Belastungs-Beanspruchungs-Modell der Arbeitspsychologie werden die Auswirkungen von Stressoren und Belastungen als **„psychische Beanspruchungen"** bezeichnet (Brinkmann, 2014; Lohmann-Haislah, 2012). Die Entgrenzung von Arbeit und die ständige Erreichbarkeit durch IKT können dazu führen, dass Beanspruchungen durch die Arbeit auch außerhalb der Arbeitszeit für die Beschäftigten deutlich spürbar sind. Diese Beanspruchungen werden für die Beschäftigten dann zum Problem, wenn ihre Bewältigung eine hohe Anstrengung erfordert, sie jedoch nicht ausreichend Erholungsmöglichkeiten finden (Meijman & Mulder, 1998). Stressauslösende Aktivitäten wie überlange Arbeitszeiten oder erweiterte Erreichbarkeit können durch bewusste Bewältigungsstrategien abgefedert werden. Die Funktion des mentalen Abschaltens nimmt dabei eine zentrale Rolle ein und wird daher im nächsten Abschnitt ausführlicher thematisiert. Neben den Aspekten, die für den Einzelnen wesentlich sind, werden auch die Herausforderungen im Team angesprochen, denn Arbeit ist selten losgelöst vom Umfeld und den Kolleg*innen.

2.3.1 Individuelle Aspekte

Das mentale Abschalten von der Arbeit in der Freizeit ist ein entscheidender Faktor, wenn es um die Erholung von der Arbeit geht. So wird der Einfluss von Stressoren auf das Wohlbefinden abgeschwächt, wenn einer Person das mentale Abschalten von der Arbeit in der Freizeit gelingt (Sonnentag & Fritz, 2015). Die Beschäftigten, denen mentales Abschalten nicht gelingt, sind nach Arbeitsende kognitiv noch in einer Art **„Stand-by-Modus"** – sie sind zwar nicht aktiv für die Arbeit tätig, aber eben auch nicht komplett losgelöst von der

Arbeit. Durch diesen Zustand fällt es vielen Beschäftigten schwer, nach Beendigung der Arbeit auch die Gedanken an die Arbeit enden zu lassen. Sie grübeln auch nach der Arbeit über die Arbeit und spielen Arbeitssituationen immer wieder im Kopf durch. Selbst dann, wenn die Aspekte der Situation gar nicht mehr in der Nähe sind (Mohr et al., 2006). Wenn arbeitsbezogene Themen während der Freizeit nicht ausgeblendet werden können, ist die Erholung beeinträchtigt (Sonnentag & Fritz, 2015).

Das **Stressor-Detachment-Modell** ist eine psychologische Theorie, die die Beziehung zwischen Stressoren bei der Arbeit und Beanspruchungsfolgen erklärt und dem Prozess des mentalen Abschaltens eine bedeutende Rolle zuschreibt (Sonnentag & Fritz, 2015). Es beinhaltet die folgenden **drei Kernannahmen** (Wendsche & Lohmann-Haislah, 2017):

1. Je intensiver die Stressoren erlebt werden (z. B. Zeitdruck), desto schlechter können sich Beschäftigte in der Freizeit mental von der Arbeit lösen.
2. Mentales Abschalten führt zu weniger psychischen Beanspruchungsfolgen wie Erschöpfung und somit auch zu mehr Wohlbefinden. Ist also das mentale Abschalten von der Arbeit nicht möglich, kann Erschöpfung bzw. ein geringeres Wohlbefinden die Folge sein.
3. Mentales Abschalten vermittelt die Beziehung zwischen Arbeitsanforderungen und den Beanspruchungsfolgen wie Erschöpfung und Wohlbefinden. Wenn es trotz hoher Anforderungen gelingt, in der Freizeit nicht mehr an die Arbeit zu denken, dann ist die Erschöpfung geringer und das Wohlbefinden insgesamt höher.

In einer Studie konnte gezeigt werden, dass die erweiterte Erreichbarkeit außerhalb der Arbeitszeit sowohl die Dauer des Schlafs als auch die Schlafqualität negativ beeinflussen. Die Ergebnisse waren stabil, unabhängig davon, ob als Indikator für die erweiterte Erreichbarkeit die Anzahl der erhaltenen Nachrichten oder die Häufigkeit des Überprüfens neuer Nachrichten herangezogen wurde (Hartner-Tiefenthaler et al., 2017). Daraus kann gefolgert werden, dass Probleme beim Ein- und Durchschlafen begünstigt werden, wenn die Arbeit während der Freizeit nicht losgelassen wird. Außerdem zeigt die Forschung, dass Schlafprobleme vor allem dann gehäuft auftreten, wenn eine Person prinzipiell dazu neigt, negative Erlebnisse wieder und wieder gedanklich durchzuspielen (Berset et al., 2011; Querstret & Cropley, 2012). Im Homeoffice kann sich dieses Verhalten zusätzlich verstärken, da die örtliche Grenzziehung zwischen Arbeit und Privatleben fehlt. Das mentale Abschalten von der Arbeit wird durch die Anwesenheit eines Stressors (z. B. Zeitdruck) erschwert. Nicht-Abschalten-Können ist demnach kein lästiger Nebeneffekt der Arbeit im Homeoffice, sondern geht langfristig mit negativen Konsequenzen für die Gesundheit und mit weniger Wohlbefinden der Beschäftigten einher.

Kommunikationstechnologien spielen beim mentalen Abschalten eine entscheidende Rolle, da über sie der Kontakt zwischen Kolleg*innen quasi rund um die Uhr hergestellt werden kann. IKT muss daher von zwei Seiten betrachtet werden: Auf der einen Seite erleichtern Smartphones und Co. den Kontakt zu Kolleg*innen und ermöglichen eine dynamische Arbeitsweise. Wer beispielsweise bei einer wichtigen Aufgabe nicht weiterkommt, kann eine*n Kolleg*in anrufen oder ein E-Mail schreiben und spontan (auch außerhalb der Arbeitszeit) um Hilfe bitten (Ter Hoeven et al., 2016). Dieser Vorteil geht jedoch auf der anderen Seite mit neuen Anforderungen einher. Beispielsweise wird der Arbeitsfluss häufiger unterbrochen (wenn beispielsweise eine E-Mail ankommt und sofort gelesen wird, obwohl gerade an einem Bericht gearbeitet wird). Durch diese Ablenkungen geht wichtige Zeit verloren, die wiederum durch einen intensiveren Arbeitsmodus oder Überstunden ausgeglichen wird. Da Kontakte mit der Arbeit zumeist mit Arbeitsaufträgen verbunden sind, entsteht zudem eine gewisse Unvorhersagbarkeit des Arbeitspensums (Ter Hoeven et al., 2016). Mit jedem Anruf und jeder E-Mail kann sich der Stapel an „To-dos" vergrößern und schnell dem Gefühl weichen, dass für jeden erledigten Auftrag drei neue Aufträge nachkommen.

Arbeit und Privatleben müssen speziell bei flexibler Arbeitszeitgestaltung gut in Balance gehalten werden. Im Hinblick auf die viel diskutierte erweiterte Erreichbarkeit außerhalb der Arbeitszeiten erhält diese Balance eine zusätzliche Relevanz. Alleine durch die Anwesenheit der Arbeitsmaterialien zuhause fühlen sich viele Beschäftigte auch noch nach Feierabend mit der Arbeit verbunden oder zur Arbeit aufgefordert (Adisa et al., 2016). Daher ist es im Homeoffice besonders wichtig, dass die Beschäftigten ihre Tätigkeiten vorab planen und sich realistische Tagesziele setzen, nach deren Erreichen sie die Arbeit hinter sich lassen und sich ihrem Privatleben widmen können. Zudem sollten Beschäftigte im Homeoffice nach Möglichkeit besonders jene Aufgaben verrichten, die hoher Konzentration und Ruhe bedürfen, während vor Ort im Betrieb jene Aufgaben erledigt werden sollen, die einen Austausch mit Kolleg*innen benötigen.

Die Arbeit im Homeoffice erhöht also sowohl die Möglichkeit zur Flexibilität als auch die Anforderung, selbstregulierendes Verhalten zu zeigen (Allvin et al., 2011; Kubicek et al., 2015). Die Beschäftigten verteilen ihre Arbeitszeit beim flexiblen Arbeiten in unterschiedlichem Maße auf das Büro im Betrieb und andere Orte. Sie entscheiden (bis zu einem gewissen Grad) teilweise sogar täglich, wann und wo sie arbeiten, basierend auf beruflichen und privaten Anforderungen, und versuchen damit Beruf und Privatleben besser zu vereinen. Wessels und Kolleg*innen (2019) bezeichnen diese Form des selbstregulierten Verhaltens als „zeitlich-räumliches Jobcrafting" und sehen darin eine wichtige zukünftige Arbeitskompetenz von Wissensarbeiter*innen. In traditionellen Arbeitsmodellen hingegen werden Koordination, Planung und Strukturierung der Aufgaben meist durch Führungskräfte übernommen. Kann die Arbeitszeit und/oder der Arbeitsort frei gewählt werden, dann ist die Struktur in wesentlich geringerem Ausmaß vorgegeben (Allvin et al., 2011; Bäcklander, et al., 2018; Kubicek et al., 2015). Zudem erfahren Beschäftigte aufgrund der physischen Trennung vom Arbeitsplatz im Homeoffice meist weniger direkte Beobachtung und Verhaltenskontrolle durch Vorgesetzte und Kolleg*innen, wodurch das eigenverantwortliche Arbeiten an Relevanz zunimmt und das Ergebnis der Arbeitsleistung stärker in den Vordergrund rückt (Felstead et al., 2003; Kurland & Egan, 1999). Die Selbstregulation im Homeoffice ist aber nicht immer einfach. Im Homeoffice sind vor allem die folgenden **vier kognitiven Anforderungen** relevant (Allvin et al., 2013; Prem et al., 2021):

1. **Planen der Arbeitszeit:** Wissensarbeiter*innen entscheiden und planen häufig selbst, wann und wie lange sie arbeiten (Allvin et al., 2013). Dabei können sie nicht nur Arbeitsaspekte beachten (z. B. Kernzeiten, Deadlines), sondern auch private und berufliche Verpflichtungen und Termine (Väänänen et al., 2020). Da Arbeitsbeginn und -ende im Homeoffice oft weniger rigide sind, müssen die Beschäftigten selbstständig mit der eigenen Zeit haushalten.

2. **Planen des Arbeitsorts:** Die Beschäftigten können im Büro oder zuhause arbeiten, aber oft auch am Weg von oder zur Arbeit, bei einem Kund*innenbesuch oder im öffentlichen Raum (Adisa et al., 2016). Diese verschiedenen Orte unterscheiden sich jedoch in ihrer Funktionalität in Bezug auf verschiedene Arbeitsaufgaben. Beispielsweise ist es unterwegs zwar möglich, E-Mails zu beantworten, aber für Recherchetätigkeiten eignet sich ein Arbeitsort mit Schreibtisch und großem Bildschirm besser. Auch die verfügbaren Ressourcen und ergonomischen Standards sind von Ort zu Ort unterschiedlich. Daher ist es erforderlich, den Arbeitsort entsprechend der jeweiligen Tätigkeit vorauszuplanen. Wichtige Aspekte, die dabei zu beachten sind, sind die nötige technische Ausstattung, die Möglichkeiten zur Kommunikation und Zusammenarbeit sowie der Grad an Ungestörtheit beim Arbeiten (Prem et al., 2021).

3. **Planen der Leistung:** In einem hochdynamischen Umfeld ist eine zentrale und hierarchische Organisation schwer zu verwalten, woraus sich ein Trend in Richtung Dezentralisierung ergeben hat (Grant & Parker, 2009). Strikt vordefinierte Aufgaben sind Zielvereinbarungen gewichen, die oft recht vage und abstrakt formuliert sind (Bäcklander, et al., 2018). Die Beschäftigten vereinbaren mit ihren Vorgesetzten Ziele, die sie innerhalb einer gewissen Zeit erreichen sollen. Sie sehen sich dadurch in der Verantwortung, ihre Arbeitsschritte selbst zu strukturieren, was Planung erfordert (Prem et al., 2021).

4. **Planen der Zusammenarbeit mit anderen:** Die individuellen Anforderungen dürfen nicht losgelöst von den Kolleg*innen betrachtet werden, denn fast jede*r Beschäftigte ist hinsichtlich Planung und Koordination der eigenen Aufgaben von der Arbeit anderer Personen abhängig. Die zunehmende Dezentralisierung bedeutet nicht, dass die Zusammenarbeit mit anderen abnimmt. Paradoxerweise ist genau das Gegenteil der Fall: Heutige Organisationen sind zunehmend miteinander verwoben und weisen Interdependenzen auf (Grant & Parker, 2009). Besonders die Verbreitung von Projektarbeit macht es wahrscheinlich, dass die Beschäftigten mit vielen verschiedenen Personen mit unterschiedlichen beruflichen Hintergründen zusammenarbeiten. Im Homeoffice ist aufgrund des fehlenden informellen, persönlichen Austausches mit den Kolleg*innen im Büro (z. B. in der Pause bei der Kaffeemaschine oder beim Mittagessen) die Zusammenarbeit oft erschwert. Im Homeoffice kommunizieren Kolleg*innen untereinander mithilfe von IKT entweder telefonisch oder schriftlich, was einen Mehraufwand an Planung bedeutet.

2.3.2 Teamaspekte

Arbeit in – oftmals interdisziplinären – Teams wird zunehmend zum Standard in den Organisationen (Zorn et al., 2021). Wenn sich Kolleg*innen eines Teams nicht mehr vor Ort im Büro treffen, sondern großteils im Homeoffice sind, dann können sich aufgrund der fehlenden direkten Kontakte im Büro auch die Beziehungen im Team verändern. Gajendran und Harrison (2007) zeigten in einer Metaanalyse jedoch, dass Telearbeit nicht prinzipiell eine beziehungsschädigende Wirkung hat, sondern dass erst bei einem Ausmaß von über 2,5 Tagen pro Woche, an denen im Homeoffice gearbeitet wird, sich die Beziehung zwischen Kolleg*innen verschlechterte. Interessanterweise scheint sich die Beziehungsqualität mit Vorgesetzten durch das Homeoffice nicht zu verändern (Gajendran & Harrison, 2007). Die Beschäftigten im Homeoffice schaffen es anscheinend, mit den Vorgesetzten weiter gut zu kommunizieren, obwohl die Beziehung mit Kolleg*innen beansprucht wird. Wesentlich für diese Effekte ist die Frage, wie weit verbreitet Homeoffice im Team oder in der Organisation ist und wie digitale Kommunikation verwendet wird. Finden die sozialen Prozesse und die informelle Beziehungsarbeit online statt (z. B., weil ein Großteil der Belegschaft örtlich flexibel arbeitet), dann verpasst man in der Regel nicht so viel informellen Austausch, da ohnehin kein Kaffeetratsch und auch kein gemeinsames Mittagessen im Büro stattfindet. Das könnte dann allerdings auch zur Folge haben, dass das Büro zunehmend leerer wird (Rockmann & Pratt, 2015).

Die Erfahrungen im Homeoffice bedingt durch die Covid-19-Pandemie haben gezeigt, welchen hohen Stellenwert die spontane, informelle Kommunikation im Büro hat. Der Austausch bei der Kaffeemaschine, am Gang, in der Pause oder das gemeinsame Getränk nach der Arbeit – all diese Dinge fallen im Homeoffice weg (Oertig & Buergi, 2006). Die Art der Kommunikation und die Verfügbarkeit des Netzwerkes verändern sich. Das kann natürlich an bestimmten Stellen der Teamarbeit zu mehr Effizienz und Leistung führen. So sind beispielsweise Onlinemeetings (d. h. Videokonferenzen) kürzer als persönliche Treffen, weil man sich darin mehr auf das Inhaltliche konzentriert. In Videokonferenzen kann nur eine Person jeweils zu allen anderen sprechen, was gleichzeitig bedeutet, dass keine Nebendialoge unter zwei Kolleg*innen während eines Teammeetings möglich sind. Diese Entwicklungen werfen wiederum neue Fragen hinsichtlich der Gestaltung zukünftiger Arbeitsprozesse und Arbeitsplätze auf.

Soziale Unterstützung durch andere Menschen spielt nicht nur für unser individuelles Wohlbefinden eine zentrale Rolle, sondern auch für unsere Gesundheit. Außerdem können unterstützende Beziehungen und Netzwerke dabei helfen, Stress zu reduzieren, denn sie sind ein Teil unserer psychosozialen Ressourcen (Berkman & Breslow, 1983; Brinkmann, 2014). Vor diesem Hintergrund ist es wichtig, die Qualität der Beziehungen mitzudenken. Je qualitativ besser die Beziehung, desto höher der Unterstützungsgrad. Die Belastungen des Tages mit Kolleg*innen zu besprechen, ist vor Ort im Büro einfacher. Sich kurz und spontan im Büro über einen Termin oder ein Projekt auszutauschen, gehört für viele Beschäftige zum Alltag. Das beeinflusst sowohl die psychische als auch die physische Gesundheit positiv. Die Anzahl der vertrauten Personen und der persönliche Austausch mit ihnen wirken sich auch auf die erlebte soziale Unterstützung aus (Seeman & Berkman, 1988). Wenn man mit Kolleg*innen im Homeoffice nur selten in Kontakt ist, ist auch der Unterstützungsgrad geringer. Daher ist es wichtig, die Beziehungen zu Kolleg*innen zu pflegen, entweder digital oder durch vereinbarte Treffen. Homeoffice wird dann als belastend empfunden, wenn soziale Unterstützung von Arbeitskolleg*innen bzw. der Organisation fehlt. Wenn sich Betroffene auf sich allein gestellt fühlen, werden auch die Arbeitsbelastungen stärker wahrgenommen. Der Austausch über ein Problem oder eine belastende Aufgabe wird geringer, was eine gemeinsame Stressbewältigung verhindert (Bodenmann, 2000). Fällt also der Austausch mit anderen weg oder verringert sich drastisch – wie es bei vielen Menschen durch die Covid-19-Pandemie und das erzwungene Homeoffice der Fall war –, kommt es zum Gefühl **sozialer Isolation**.

Bereits vor der Covid-19-Pandemie zeigten Studien, dass soziale Isolationseffekte aufgrund von Telearbeit beobachtbar sind, die sich auch negativ auf die Arbeitsleistung auswirken (Golden et al., 2008). Soziale Isolation kann darüber hinaus auch gesundheitsschädliche Verhaltensweisen (wie z. B. Alkoholkonsum oder Zigaretten rauchen) verstärken (Brinkmann, 2014; House et al., 1988). Um die Gefahr von Isolationseffekten zu verhindern, benötigen Beschäftigte sozialen Rückhalt und einen vertrauten Umgang miteinander innerhalb eines Netzwerks (Ditzen & Heinrichs, 2007). Wertschätzende soziale Beziehungen und gute Eingebundenheit in Netzwerken haben einen direkten positiven Einfluss auf unsere Stimmung, Wohlbefinden und Gesundheit, unabhängig davon, ob wir uns in einer Stresssituation befinden (Park et al., 2004). Soziale Unterstützung dient aber nicht nur als direkter Schutz vor Stressoren, sondern federt auch die Stressreaktion deutlich ab. In Stresssituationen wirkt soziale Unterstützung zudem als Puffer, der negative Emotionen und Belastungen vermindert (Cohen & Hoberman, 1983). Stresserleben gepaart mit geringer sozialer Unterstützung begünstigt gesundheitsschädliche Folgen wie Kopfschmerzen oder Schlaflosigkeit. Soziale Unterstützung in Stresssituationen setzt bei den Betroffenen eine Art **„Bewältigungsoptimismus"** in Gang und hat dadurch einen präventiven Effekt (Nestmann, 2000). Informelle Kommunikation, gegenseitige Anteilnahme und kollegiale Beratung nutzen diesen präventiven Effekt und ebnen dadurch den Weg für soziale Unterstützung bei der Arbeit oder im Team (Zimber & Ullrich, 2012).

Es zeigt sich dadurch also, dass das Fehlen der informellen Kommunikation im Homeoffice wesentliche Auswirkungen hat und es im Interesse der Betriebe ist, einen Raum für **spontane und informelle Kommunikation** auch virtuell herzustellen. Denn bei flexiblen Teams steigt aufgrund des reduzierten Face-to-Face-Kontakts zwischen Teammitgliedern die Bedeutung der digitalen Kommunikation automatisch. Eine Bemühung in diese Richtung ist beispielsweise die Einrichtung eines „virtual water coolers". Das ist eine digitale Lösung für den informellen Austausch, sodass Beschäftigte ihren gewohnten Chat beim Wasserspender (offenbar die Kaffeemaschine der US-Amerikaner*innen) führen können.

Spontane, informelle Kommunikation ist für den Aufbau und die Pflege guter Beziehungen zwischen den Kolleg*innen enorm wichtig, da durch die fehlende Nähe zwischen Teammitgliedern Konflikte im Team begünstigt werden (Hinds & Bailey, 2003). Die informelle Kommunikation ist auch deshalb so wichtig, weil sie es ermöglicht, eine gemeinsame Identität innerhalb des Teams aufzubauen (Fay, 2011; Fay & Kline, 2011). Eine großangelegte Londoner Studie von Millward und Kollegen (2007) zeigte, dass sich Mitarbeiter*innen, die „hot desking" betrieben – also keinen zugewiesenen Arbeitsplatz hatten – sich von den Mitarbeiter*innen mit zugewiesenem Arbeitsplatz hinsichtlich ihrer Identifikation mit dem Team und der Organisation unterschieden. Die Mitarbeiter*innen ohne zugewiesenen Arbeitsplatz identifizierten sich stärker mit der Organisation als mit dem Team, während sich die Mitarbeiter*innen mit zugewiesenem Arbeitsplatz stärker mit dem Team als mit der Organisation identifizierten. Erklärt wird das dadurch, dass bei „hot desking" die Beschäftigten nicht zwangsläufig räumlich nahe bei ihren Teamkolleg*innen sitzen, sondern auch bei Mitgliedern anderer Teams und so vermehrt mit diesen kommunizieren.

Bei der Arbeit im Homeoffice ist es noch wichtiger als vor Ort, dass das Kommunikationsmedium dem Kommunikationszweck entsprechend ausgewählt wird (Dennis et al., 2008; Dennis & Valacich, 1999). Je nachdem, um welche Aufgabe es sich handelt, sollte zielgerichtet überlegt werden, ob schriftlich (beispielsweise via E-Mail), mündlich (beispielsweise via Telefon) oder mündlich mit Bild (beispielsweise via Videokonferenz) kommuniziert wird. Nicht für jede Aufgabe ist es notwendig, dass zusätzlich zur Information Hinweisreize wie Gestik und Mimik transportiert werden, während es allerdings für manche Prozesse essenziell ist, die Reaktion des Gegenübers mit möglichst vielen Hinweisreizen beobachten zu können. Beispielsweise hat sich gezeigt, dass digitale Kommunikation bei Brainstorming sogar effektiver sein kann als Face-to-Face-Kommunikation (Hertel et al., 2005), da der kognitive Prozess durch die Wartezeiten behindert wird (Stroebe & Nijstad, 2004). In Zweiergesprächen zeigte sich jedoch ein Vorteil des direkten Vor-Ort-Gesprächs im Vergleich zu Videokonferenzen für Kreativitätsprozesse (Brucks & Levav, 2022).

Laut der Mediensynchronizitätstheorie (Dennis & Valacich, 1999) gibt es nur zwei primäre Prozesse in der Kommunikation: einerseits divergente Prozesse, die der Informationsübermittlung dienen und die viele, leicht zu verarbeitende Informationen möglichst schnell zwischen den Mitgliedern austauschen. Andererseits gibt es konvergente Prozesse, die auf die Verdichtung von Informationen abzielen und einer gewissen Strukturierung und Bündelung bedürfen. Dadurch soll ein gemeinsames Verständnis geschaffen und einer Informationsüberflutung entgegengewirkt werden (Dennis et al., 2008). Divergente Prozesse können mit Kommunikationstools wie E-Mail sehr effizient durchgeführt werden, da sie nicht zwingend eine Rückmeldung benötigen und viele Prozesse gleichzeitig ablaufen können. Komplexere Aufgaben wie das Erreichen von Konsens bedürfen allerdings konvergente Prozesse. Für diese Aufgaben sollten dann entsprechend synchronere Kommunikationsmittel wie beispielsweise Videokonferenzen gewählt werden, da sie schnelles Feedback implizieren und Kommunikationsprozesse normalerweise hintereinander ablaufen (Dennis et al., 2008).

Daher ist es wichtig, sich zu überlegen, welchen Zweck man mit der jeweiligen Kommunikation beabsichtigt. Steht eher die Förderung von Team-Beziehungen im Vordergrund, sollte besser ein reichhaltigeres Medium wie eine Videokonferenz verwendet werden. Voraussetzung für die richtige Wahl des Kommunikationsmediums ist natürlich, dass alle Teammitglieder mit den verfügbaren Medien gut umgehen können. Das pandemiebedingte Homeoffice zog eine eklatante Steigerung der Anzahl von Videokonferenzen mit sich. Um den Umgang mit IKT zur beruflichen Kommunikation möglichst effizient zu gestalten, sollten Regeln und Richtlinien für die Verwendung der unterschiedlichen Medien vereinbart werden (Konradt & Hertel, 2002). Beispielsweise kann ein Chat sehr effizient für kurze dringende Anfragen verwendet werden, um eine direkte Frage an die Kolleg*innen zu ersetzen, die bei der Arbeit im Homeoffice oftmals an die Nutzung von Technologie gebunden ist. Die Routinen der Nutzung müssen allerdings regelmäßig reflektiert werden, da die Medien bzw. Onlinetools meist eine Fülle von Anwendungen bergen und durch technische Neuerungen oftmals bestehende Routinen als suboptimal entlarven. Eine wesentliche Herausforderung in Teams ist es also, ein gemeinsames Verständnis darüber zu erzeugen, welches Kommunikationsmittel für welchen Zweck verwendet wird. Nicht nur wie kommuniziert wird, sondern auch wann kommuniziert wird, sollte im Team geklärt werden, um die Vorhersehbarkeit für die Beschäftigten zu erhöhen und letztlich unvorhersehbare Kontaktaufnahmen in der Freizeit zu reduzieren und die Erholung der Beschäftigten zu ermöglichen. Das nachfolgende dritte Kapitel des Buches beschäftigt sich damit, welche Maßnahmen für einen gesundheitsbewussten Umgang von den Beschäftigten selbst ergriffen werden können, während das vierte Kapitel des Buches die Rolle der Organisation aus unterschiedlichen Perspektiven beleuchtet.

Literatur

Adisa, T. A., Osabutey, E., & Gbadamosi, G. (2016). Understanding the causes and consequences of work-family conflict: An exploratory study of Nigerian employees. *Employee Relations, 38*(5), 770–788. https://doi.org/10.1108/ER-11-2015-0211

Adkins, C. L., & Premeaux, S. A. (2014). The use of communication technology to manage work-home boundaries. *Journal of Behavioral and Applied Management, 15*, 82–100.

Allvin, M., Aronsson, G., Hagström, T., Johansson, G., & Lundberg, U. (2011). *Work without boundaries*. Wiley.

Allvin, M., Mellner, C., Movitz, F., & Aronsson, G. (2013). The diffusion of flexibility: Estimating the incidence of low-regulated working conditions. *Nordic Journal of Working Life Studies, 3*, 99–116.

Arlinghaus, A., & Nachreiner, F. (2013). When work calls – Associations between being contacted outside of regular working hours for work-related matters and health. *Chronobiology International, 30*, 1197–1202. https://doi.org/10.3109/07420528.2013.800089

Arlinghaus, A., & Nachreiner, F. (2014). Health effects of supplemental work from home in the European Union. *Chronobiology International, 31*, 1100–1107. https://doi.org/10.3109/07420528.2014.957297

Arnold, D., Steffes, S., & Wolter, S. (2015). *Mobiles und entgrenztes Arbeiten* [Forschungsbericht des Bundesministeriums für Arbeit und Soziales]. Bundesministerium für Arbeit und Soziales.

Ashforth, B. E., Kreiner, G. E., & Fugate, M. (2000). All in a day's Work: Boundaries and micro role transitions. *Academy of Management Review, 25*, 472–491. https://doi.org/10.5465/amr.2000.3363315

Bäcklander, G., Rosengren, C., & Kaulio, M. (2018). Managing intensity in knowledge work: Self-leadership practices among Danish management consultants. *Journal of Management & Organization*, 1–19. https://doi.org/10.1017/jmo.2018.64

Bakker, A. B., & Demerouti, E. (2007). The job demands-resources model: State of the art. *Journal of Managerial Psychology, 22*, 309–328. https://doi.org/10.1108/02683940710733115

Bakker, A. B., & Demerouti, E. (2013). The spillover-crossover model. In J. G. Grzywacz & E. Demerouti (Hrsg.), *New frontiers in work and family research* (S. 55–70). Psychology Press.

Bakker, A. B., & Demerouti, E. (2017). Job demands–resources theory: Taking stock and looking forward. *Journal of Occupational Health Psychology, 22*(3), 273–285. https://doi.org/10.1037/ocp0000056

Bergman, A., & Gardiner, J. (2007). Employee availability for work and family: three Swedish case studies. *Employee Relations, 29*(4), 400–414.

Berkman, L. F., & Breslow, L. (1983). *Health and ways of living*. University Press.

Berset, M., Elfering, A., Lüthy, S., Lüthi, S., & Semmer, N. K. (2011). Work stressors and impaired sleep: Rumination as a mediator. *Stress and Health, 27*, e71–e82. https://doi.org/10.1002/smi.1337

Bodenmann, G. (2000). *Stress und Coping bei Paaren*. Hogrefe.

Bowen, P., Govender, R., Edwards, P., & Cattell, K. (2018). Work-related contact, work–family conflict, psychological distress and sleep problems experienced by construction professionals: An integrated explanatory model. *Construction Management and Economics, 36*, 153–174. https://doi.org/10.1080/01446193.2017.1341638

Braukmann, J., Schmitt, A., Ďuranová, L., & Ohly, S. (2018). Identifying ICT-related affective events across life domains and examining their unique relationships with employee recovery. *Journal of Business and Psychology, 33*, 529–544. https://doi.org/10.1007/s10869-017-9508-7

Brinkmann, R. D. (2014). *Angewandte Gesundheitspsychologie*. Pearson.

Brucks, M. S., & Levav, J. (2022). Virtual communication curbs creative idea generation. *Nature*. https://doi.org/10.1038/s41586-022-04643-y

Büssing, A., & Drodofsky, A. (2000). Telearbeit und Qualität des Arbeitslebens. Ein Vergleich zwischen Tele- und Büroarbeitern. *Bericht, Technische Universität München Lehrstuhl für Psychologie*, 50. Lehrstuhl für Psychologie, Techn. Univ. München.

Clark, S. C. (2000). Work/family border theory: A new theory of work/family balance. *Human Relations, 53*, 747–770. https://doi.org/10.1177/0018726700536001

Cohen, S., & Hoberman, H. M. (1983). Positive events and social supports as buffers of life change stress. *Journal of Applied Social Psychology, 13*(2), 99–125. https://doi.org/10.1111/j.1559-1816.1983.tb02325.x

Deci, E. L., & Ryan, R. M. (1985). The general causality orientations scale: Self-determination in personality. *Journal of Research in Personality, 19*(2), 109–134. https://doi.org/10.1016/0092-6566(85)90023-6

Deci, E. L., Koestner, R., & Ryan, R. M. (1999). A meta-analytic review of experiments examining the effects of extrinsic rewards on intrinsic motivation. *Psychological Bulletin, 125*(6), 627–668.

Deci, E. L., Olafsen, A. H., & Ryan, R. M. (2017). Self-determination theory in work organizations: The state of a science. *Annual Review of Organizational Psychology and Organizational Behavior, 4*(1), 19–43. https://doi.org/10.1146/annurev-orgpsych-032516-113108

Demerouti, E., & Nachreiner, F. (2019). Zum Arbeitsanforderungen-Arbeitsressourcen-Modell von Burnout und Arbeitsengagement – Stand der Forschung. *Zeitschrift für Arbeitswissenschaft, 73*(2), 119–130. https://doi.org/10.1007/s41449-018-0100-4

Demmelhuber, K., Englmaier, F., Leiss, F., Möhrle, S., Peichl, A., & Schröter, T. (2020). *Homeoffice vor und nach Corona: Auswirkungen und Geschlechterbetroffenheit* (Nr. 1). ifo Institut – Leibniz-Institut für Wirtschaftsforschung an der Universität München. https://www.ifo.de/DocDL/sd-2020-digital-14-demmelhuber-etal-homeoffice-vor-nach-corona.pdf. Zugegriffen am 15.03.2023.

Dennis, A. R., & Valacich, J. S. (1999). *Rethinking media richness: Towards a theory of media synchronicity*. Proceedings of the 32nd Annual Hawaii International Conference on Systems Science. https://doi.org/10.1109/HICSS.1999.772701

Dennis, A. R., Fuller, R. M., & Valacich, J. S. (2008). Media, tasks, and communication processes: A theory of media synchronicity. *MIS Quarterly, 32*(3), 575–600. https://doi.org/10.2307/25148857

Der Spiegel. (2017, Dezember 18). Porsche-Betriebsratschef will E-Mails löschen lassen. *Der Spiegel*. https://www.spiegel.de/karriere/porsche-betriebsratschef-will-e-mails-nach-feierabend-loeschen-lassen-a-1183842.html. Zugegriffen am 17.05.2022.

Dettmers, J. (2017). How extended work availability affects well-being: The mediating roles of psychological detachment and work-family-conflict. *Work & Stress, 31* (1), 24–41. https://doi.org/10.1080/02678373.2017.1298164

Dettmers, J., Vahle-Hinz, T., Bamberg, E., Friedrich, N., & Keller, M. (2016). Extended work availability and its relation with start-of-day mood and cortisol. *Journal of Occupational Health Psychology, 21*(1), 105–118. https://doi.org/10.1037/a0039602

Ditzen, B., & Heinrichs, M. (2007). Psychobiologische Mechanismen sozialer Unterstützung: Ein Überblick. *Zeitschrift für Gesundheitspsychologie, 15*(4), 143–157. https://doi.org/10.1026/0943-8149.15.4.143

Drucker, P. (2004). *Concept of the corporation* (4. Aufl.). Transaction Publishers.

Fay, M. J. (2011). Informal communication of co-workers: A thematic analysis of messages. *Qualitative Research in Organizations and Management: An International Journal, 6*(3), 212–229. https://doi.org/10.1108/17465641111188394

Fay, M. J., & Kline, S. L. (2011). Coworker relationships and informal communication in high-intensity telecommuting. *Journal of Applied Communication Research, 39*(2), 144–163. https://doi.org/10.1080/00909882.2011.556136

Felstead, A., Jewson, N., & Walters, S. (2003). Managerial control of employees working at home. *British Journal of Industrial Relations, 41*(2), 241–264. https://doi.org/10.1111/1467-8543.00271

Feuchtl, S., Hartner-Tiefenthaler, M., & Koeszegi, S. (2016). Erreichbarkeit außerhalb der Arbeitszeit: Ergebnisse einer quantitativen Fragebogenstudie in Niederösterreich. *WISO, 39* 69–82.

Flecker, J. (2017). *Arbeit und Beschäftigung*. UTB.

Fritschi, T., Kraus, S., Steiner, C., & Luchsinger, L. (2019). *Barometer Gute Arbeit: Qualität der Arbeitsbedingungen aus der Sicht der Arbeitnehmenden – Ergebnisse für die Jahre 2015 bis 2019* [Schlussbericht]. Berner Fachhochschule.

Fritz, O., Weber, C., Procher, C., & Schorling, S. (2019). Psychologische Folgen einer permanenten Erreichbarkeit durch digitale Medien. *KCT Schriftenreihe der FOM, Research Report, (2)*. KCT Kompetenz Centrum für Technologie- & Innovationsmanagement, FOM Hochschule für Ökonomie & Management.

Frye, N. K., & Breaugh, J. A. (2004). Family-friendly polocies, supervisor support, work-family conflict, family-work conflict, and satisfaction: A test of a conceptual model. *Journal of Business and Psychology, 19*(2), 197–220. https://www.jstor.org/stable/25092896. Zugegriffen am 15.03.2023.

Gajendran, R. S., & Harrison, D. A. (2007). The good, the bad, and the unknown about telecommuting: Meta-analysis of psychological mediators and individual consequences. *Journal of Applied Psychology, 92*(6), 1524–1541. https://doi.org/10.1037/0021-9010.92.6.1524

Gajendran, R. S., Harrison, D. A., & Delaney-Klinger, K. (2015). Are telecommuters remotely good citizens? Unpacking telecommuting's effects on performance Via I-Deals and job resources. *Personnel Psychology, 68*(2), 353–393. https://doi.org/10.1111/peps.12082

Golden, T. D., & Veiga, J. F. (2005). The impact of extent of telecommuting on job satisfaction: Resolving inconsistent findings. *Journal of Management, 31*(2), 301–318. https://doi.org/10.1177/0149206304271768

Golden, T. D., Veiga, J. F., & Dino, R. N. (2008). The impact of professional isolation on teleworker job performance and turnover intentions: Does time spent teleworking, interacting face-to-face, or having access to communication-enhancing technology matter? *Journal of Applied Psychology, 93*(6), 1412–1421. https://doi.org/10.1037/a0012722

Grant, A. M., & Parker, S. K. (2009). 7 redesigning work design theories: The rise of relational and proactive perspectives. *Academy of Management Annals, 3*(1). https://doi.org/10.5465/19416520903047327

Greenhaus, J. H., & Beutell, N. J. (1985). Sources of conflict between work and family roles. *The Academy of Management Review, 10*, 76. https://doi.org/10.2307/258214

Gregg, M. (2011). *Work´s intimcy.* Policy Press.

Grunau, P., Ruf, K., Steffes, S., & Wolter, S. (2019). Mobile Arbeitsformen aus Sicht von Betrieben und Beschäftigten: Homeoffice bietet Vorteile, hat aber auch Tücken. *IAB-Kurzbericht (11).* IAB.

Hartner-Tiefenthaler, M., Feuchtl, S., & Schoellbauer, J. (May 2017). Extended work availability outside working hours: Motives and consequences on sleeping quality of Austrian workers. In A. M. Wöhrmann, & A. Michel (Chairs), *Permanent availability and employees' work-life-balance and health.* Symposium conducted at the EAWOP Congress 2017, Dublin, Ireland.

Herrmann, M., & Cordes, R. F. (2020). Homeoffice im Zeichen der Pandemie: Neue Perspektiven für Wissenschaft und Praxis? *IUBH Discussion Paper Nr. 2; Human Ressource.* IUBH Internationale Hochschule Erfurt.

Hertel, G., Geister, S., & Konradt, U. (2005). Managing virtual teams: A review of current empirical research. *Human Resource Management Review, 15*(1), 69–95. https://doi.org/10.1016/j.hrmr.2005.01.002

Hinds, P. J., & Bailey, D. E. (2003). Out of sight, out of sync: Understanding conflict in distributed teams. *Organization Science, 14*(6), 615–632. https://doi.org/10.1287/orsc.14.6.615.24872

House, J. S., Landis, K. R., & Umberson, D. (1988). Social relationships and health. *Science, 241*(4865), 540–545. https://doi.org/10.1126/science.3399889

IGA. (2013). Auswirkungen von ständiger Erreichbarkeit und Präventionsmöglichkeiten Teil 1: Überblick über den Stand der Wissenschaft und Empfehlungen für einen guten Umgang in der Praxis, IGA.Report 23, Die Initiative Gesundheit. https://www.iga-info.de/veroeffentlichungen/igareporte/igareport-23-teil-1. Zugegriffen am 15.03.2023.

Jürgens, K. (2010). Arbeit und Leben. In F. Böhle, G. Voß, & G. Wachtler (Hrsg.), *Handbuch Arbeitssoziologie* (S. 483–510). VS Verlag für Sozialwissenschaften.

Jürgens, K. (2019). Das „smarte" Leben. Ein Versprechen der Digitalisierung auf dem Prüfstand. In B. Kohlrausch, C. Schildmann, & D. Voss (Hrsg.), *Neue Arbeit – neue Ungleichheiten? Folgen der Digitalisierung* (S. 53–69). Beltz Juventa.

Kahn, R. L., & Byosiere, P. (1992). Stress in organizations. In M. D. Dunnette & L. M. Hough (Hrsg.), *Handbook of Industrial and Organizational Psychology* (S. 571–650). Consulting Psychologists Press.

Kelliher, C., & Anderson, D. (2010). Doing more with less? Flexible working practices and the intensification of work. *Human Relations, 63*(1), 83–106. https://doi.org/10.1177/0018726709349199

Kleemann, F., Matschek, I., & Voß, G. (1999). *Zur Subjektivierung der Arbeit.* Wissenschaftszentrum Berlin für Sozialforschung. https://bibliothek.wzb.eu/pdf/1999/p99-512.pdf. Zugegriffen am 15.03.2023.

Kohlrausch, B., Schildmann, C., & Voss, D. (2019). *Neue Arbeit – Neue Ungleichheiten.* Beltz Juventa.

Konradt, U., & Hertel, G. (2002). *Management virtueller Teams: Von der Telearbeit zum virtuellen Unternehmen.* Beltz.

Kossek, E. E. (2016). Managing work-life boundaries in the digital age. *Organizational Dynamics, 45*(3), 258–270. https://doi.org/10.1016/j.orgdyn.2016.07.010

Kossek, E. E., Ruderman, M. N., Braddy, P. W., & Hannum, K. M. (2012). Work – nonwork boundary management profiles: A person-centered approach. *Journal of Vocational Behavior, 81*(1), 112–128. https://doi.org/10.1016/j.jvb.2012.04.003

Kratzer, N. (2008). Entgrenzung von Arbeit: Konzept und Merkmale. In B. Hausinger (Hrsg.), *Supervision: Organisation – Arbeit – Ökonomisierung. Zur Gleichzeitigkeit des Ungleichzeitigen der Arbeitswelt* (S. 77–81). Hampp.

Krause, A., Baeriswyl, S., Martial, B., Deci, N., Dettmers, J., Dorsemagen, C., et al. (2015). Selbstgefährdung als Indikator für Mängel bei der Gestaltung mobil-flexibler Arbeit: Zur Entwicklung eines Erhebungsinstruments. *Wirtschaftspsychologie, 4*, 49–59.

Kreiner, G. E., Hollensbe, E. C., & Sheep, M. L. (2006). Boundary work tactics: Negotiating the work-home interface. *Academy of Management Proceedings, 1.* https://doi.org/10.5465/ambpp.2006.22898629

Kubicek, B., Paškvan, M., & Korunka, C. (2015). Development and validation of an instrument for assessing job demands arising from accelerated change: The intensification of job demands scale (IDS). *European Journal of Work and Organizational Psychology, 24*(6), 898–913. https://doi.org/10.1080/1359432X.2014.979160

Kunze, F., Hampel, K., & Zimmermann, S. (2020). Homeoffice in der Corona-Krise: Eine nachhaltige Transformation der Arbeitswelt? *Policy Paper Nr. 02; COVID 19 und soziale Ungleichheit: Thesen und Befunde.* KOPS: Das institutionelle Repositorium der Universität Konstanz. http://nbn-resolving.de/urn:nbn:de:bsz:352-2-926cp7kvkn359. Zugegriffen am 15.03.2023.

Kurland, N., & Egan, T. D. (1999). Telecommuting: Justice and control in the virtual organization. *Organization Science, 10*(4), 500–513. https://doi.org/10.1287/orsc.10.4.500

Lazarus, R. S., & Folkman, S. (1984). *Stress, appraisal, and coping.* Springer.

Lohmann-Haislah, A. (2012). *Stressreport Deutschland 2012.* Psychische Anforderungen, Ressourcen und Befinden. Bundesanstalt für Arbeitsschutz und Arbeitsmedizin.

Mazmanian, M. (2013). Avoiding the trap of constant connectivity: When congruent frames allow for heterogeneous practices. *Academy of Management Journal, 56*, 1225–1250. https://doi.org/10.5465/amj.2010.0787

Mazmanian, M., Orlikowski, W. J., & Yates, J. (2013). The Autonomy Paradox: The Implications of Mobile Email Devices for Knowledge Professionals. *Organization Science, 24* (5), 1337–1357. https://doi.org/10.1287/orsc.1120.0806

Meijman, T. F., & Mulder, G. (1998). Psychological aspects of workload. In P. J. D. Drenth, H. Thierry, M. Lang & R. Wagner. (2020). *Das Change Management Workbook.* Carl Hanser.

Mellner, C. (2016). After-hours availability expectations, work-related smartphone use during leisure, and psychological detachment: The moderating role of boundary control. *International Journal of Workplace Health Management, 9*, 146–164. https://doi.org/10.1108/IJWHM-07-2015-0050

Millward, L. J., Hasla, S. A., & Postmes, T. (2007). Putting employees in their place: The impact of hot desking on organizational and team identification. *Organization Science, 18*(4), 547–559. https://doi.org/10.1287/orsc.1070.0265

Mohr, G., Müller, A., Rigotti, T., Aycan, Z., & Tschan, F. (2006). The assessment of psychological strain in work contexts: Concerning the structural equivalency of nine language adaptations of the irritation scale. *European Journal of Psychological Assessment: Official Organ of the European Association of Psychological Assessment, 22*(3), 198–206. https://doi.org/10.1027/1015-5759.22.3.198

Nestmann, F. (2000). Gesundheitsförderung durch informelle Hilfe und Unterstützung in sozialen Netzwerken. Die Bedeutung informeller Hilfe und Unterstützung im Alltag von Gesundheitssicherung und Gesundheitsförderung. In S. Sting & G. Zurhorst (Hrsg.), *Gesundheit und soziale Arbeit* (S. 128–146). Juventa.

Oertig, M., & Buergi, T. (2006). The challenges of managing cross-cultural virtual project teams. *Team Performance Management, 12*(1/2), 23–30. https://doi.org/10.1108/13527590610652774

OGM. (2021, März). Homeoffice: Verbreitung, Gestaltung, Meinungsbild und Zukunft. Bundesministerium für Arbeit. https://www.bma.gv.at/Services/News/Homeoffice-Studie.html

OGM, Bachmayer, W., & Klotz, J. (2021). *Homeoffice: Verbreitung, Gestaltung, Meinungsbild und Zukunft*. Bundesministerium für Arbeit. https://www.bma.gv.at/Services/News/Homeoffice-Studie.html. Zugegriffen am 15.03.2023.

Park, K.-O., Wilson, M. G., & Myung, S. L. (2004). Effects of social support at work on depression and organizational productivity. *American Journal of Health Behavior, 28*(5), 444–455. https://doi.org/10.5993/AJHB.28.5.7

Park, Y., Liu, Y., & Headrick, L. (2020). When work is wanted after hours: Testing weekly stress of information communication technology demands using boundary theory. *Journal of Organizational Behavior, 41*(6), 518–534. https://doi.org/10.1002/job.2461

Peters, A., Michel, A., & Sonntag, K. (2014). Konflikte zwischen Privat- und Berufsleben bei Führungskräften: Segmentierung der privaten Lebensbereiche von der Arbeit als eine Ressource? *Zeitschrift für Arbeits- und Organisationspsychologie A&O, 58*(2), 64–79. https://doi.org/10.1026/0932-4089/a000141

Peters, K. (2011). Indirekte Steuerung und Interessierte Selbstgefährdung. Eine 180-GradWende bei der betrieblichen Gesundheitsförderung. In N. Kratzer, W. Dunkel, K. Becker, & S. Hinrichs (Hrsg.), *Arbeit und Gesundheit im Konflikt* (S. 13–34). edition sigma.

Prem, R., Kubicek, B., Uhlig, L., Baumgartner, V., & Korunka, C. (2021). Development and initial validation of a scale to measure cognitive demands of flexible work. *Frontiers in Psychology, 12.* https://doi.org/10.3389/fpsyg.2021.679471

Querstret, D., & Cropley, M. (2012). Exploring the relationship between work-related rumination, sleep quality, and work-related fatigue. *Journal of Occupational Health Psychology, 17*(3), 341–353. https://doi.org/10.1037/a0028552

Rau, R., & Göllner, M. (2019). Erreichbarkeit gestalten, oder doch besser die Arbeit? *Zeitschrift für Arbeits- und Organisationspsychologie A&O, 63,* 1–14. https://doi.org/10.1026/0932-4089/a000284

Rockmann, K. W., & Pratt, M. G. (2015). Contagious offsite work and the lonely office: The unintended consequences of distributed work. *Academy of Management Discoveries, 1*(2). https://doi.org/10.5465/amd.2014.0016

Schlachter, S., McDowall, A., Cropley, M., & Inceoglu, I. (2018). Voluntary work-related technology use during non-work time: A narrative synthesis of empirical research and research agenda. *International Journal of Management Reviews, 20,* 825–846. https://doi.org/10.1111/ijmr.12165

Schwarzbauer, W., & Wolf, M. (2020). *Bedeutung der Telearbeit aktuell und nach der COVID-19 Pandemie (Policy Note Nr. 41)*. EcoAustria: Institute for Economic Research.

Seeman, T. E., & Berkman, L. F. (1988). Structural characteristics of social networks and their relationship with social support in the elderly: Who provides support. *Social Science & Medicine, 26*(7), 737–749. https://doi.org/10.1016/0277-9536(88)90065-2

Selye, H. (1956). Stress and psychiatry. *The American Journal of Psychiatry, 113*(5), 423–427. https://doi.org/10.1176/ajp.113.5.423

Senarathne Tennakoon, U., da Silveira, G., & Taras, D. (2013). Drivers of context-specific ICT use across work and nonwork domains: A boundary theory perspective. *Information and Organization, 23,* 107–128. https://doi.org/10.1016/j.infoandorg.2013.03.002

Shao, Y., Fang, Y., Wang, M., Chang, C.-H., & (Daisy), & Wang, L. (2021). Making daily decisions to work from home or to work in the office: The impacts of daily work- and COVID-related stressors on next-day work location. *Journal of Applied Psychology, 106*(6), 825–838. https://doi.org/10.1037/apl0000929

Sonnentag, S., & Fritz, C. (2015). Recovery from job stress: The stressor-detachment model as an integrative framework. *Journal of Organizational Behavior, 36,* 72–103. https://doi.org/10.1002/job.1924

Stefan, L. (2021, Januar 21). *Arbeitsmail nach Feierabend sperren? EU erwägt neues Grundrecht. DER STANDARD.* https://www.derstandard.at/consent/tcf/story/2000123470046/arbeitsmail-nach-feierabend-sperren-eu-erwaegt-neues-grundrecht. Zugegriffen am 17.05.2022.

Stroebe, W., & Nijstad, B. A. (2004). Warum Brainstorming in Gruppen Kreativität vermindert. *Psychologische Rundschau, 55*(1), 2–10. https://doi.org/10.1026/0033-3042.55.1.2

Ten Brummelhuis, L. L., Bakker, A. B., Hetland, J., & Keulemans, L. (2012). Do new ways of working foster work engagement? *Psicothema, 24*(1), 113–120.

Ter Hoeven, C. L., van Zoonen, W., & Fonner, K. L. (2016). The practical paradox of technology: The influence of communication technology use on employee burnout and engagement. *Communication Monographs, 83*, 239–263. https://doi.org/10.1080/03637751.2015.1133920

Thulin, E., Vilhelmson, B., & Johansson, M. (2019). New telework, time pressure, and time use control in everyday life. *Sustainability, 11*(11), 3067. https://doi.org/10.3390/su11113067

Väänänen, A., Toivanen, M., & Lallukka, T. (2020). Lost in autonomy – temporal structures and their implications for employees' autonomy and well-being among knowledge workers. *Occupational Health Science, 4*, 83–101. https://doi.org/10.1007/s41542-020-00058-

Voß, G. G., & Pongratz, H. J. (1998). Der Arbeitskraftunternehmer. 35. *Kölner Zeitschrift für Soziologie und Sozialpsychologie, 50*, 131158.

Voydanoff, P. (2005). Work demands and work-to-family and family-to-work conflict: Direct and indirect relationships. *Journal of Family Issues, 26*(6), 707–726. https://doi.org/10.1177/0192513X05277516

Wall, T. D., Jackson, P. R., & Mullarkey, S. (1995). Further evidence on some new measures of job control, cognitive demand and production responsibility. *Journal of Organizational Behavior, 16*(5), 431–455. https://doi.org/10.1002/job.4030160505

Wendsche, J., & Lohmann-Haislah, A. (2017). A meta-analysis on antecedents and outcomes of detachment from work. *Frontiers in Psychology, 7.* https://doi.org/10.3389/fpsyg.2016.02072

Wessels, C., Schippers, M., Stegmann, S., Bakker, A., Baalen, P., & Proper, K. (2019). Fostering flexibility in the new world of work: A model of time-spatial job crafting. *Frontiers in Psychology, 10*, a505. https://doi.org/10.3389/fpsyg.2019.00505

Zimber, A., & Ullrich, A. (2012). Wie wirkt sich die Teilnahme an kollegialer Beratung auf die Gesundheit aus? Ergebnisse einer Interventionsstudie in der Psychiatriepflege. *Zeitschrift für Gesundheitspsychologie, 20*(2), 80–91. https://doi.org/10.1026/0943-8149/a000054

Zorn, V., Baschin, J., Reining, N., Inkermann, D., Victor, T., & Kauffeld, S. (2021). Team und Projektarbeit in der digitalisierten Produktentwicklung. In S. Mütze-Niewöhner, W. Hacker, T. Hardwig, S. Kauffeld, E. Latniak, M. Nicklich, & U. Pietrzyk (Hrsg.), *Projekt- und Teamarbeit in der digitalisierten Arbeitswelt. Herausforderungen, Strategien und Empfehlungen.* Springer Vieweg.

Homeoffice ist, was man daraus macht: Erholung hat mehrere Facetten und kann bewusst trainiert werden

3

Der Wille allein reicht oft nicht aus, um unser Verhalten langfristig zu ändern. Wir müssen das gewünschte Verhalten ständig aufs Neue wiederholen, bis allmählich Routine daraus wird. Das kostet manchmal große Überwindung. Uns bleibt jedoch nicht anderes übrig: Wir müssen die Komfortzone verlassen. Die ausgewählten Übungen in diesem Kapitel helfen, die gewohnten Verhaltensmuster des Alltags zu reflektieren und zu verändern. Die dargestellten Übungen sind Teile der App swoliba, die im Rahmen des von der AK Niederösterreich geförderten Projekts Work-Life-Balance 4.0 von der Technischen Universität Wien entwickelt wurde. Ergänzend zum Buch steht swoliba den Leser*innen kostenfrei zur Verfügung.

Ergänzende Information Die elektronische Version dieses Kapitels enthält Zusatzmaterial, auf das über folgenden Link zugegriffen werden kann [https://doi.org/10.1007/978-3-662-63129-4_3].

M. Hartner-Tiefenthaler et al., *smartWorkLife – Bewusst erholen statt grenzenlos gestresst*, https://doi.org/10.1007/978-3-662-63129-4_3

3.1   Die Absicht allein genügt nicht, um Verhalten zu ändern

Die Arbeit im Homeoffice ist, wie die vorangehenden Kapitel deutlich machen, eine Herausforderung, der man sich immer wieder aufs Neue stellen muss. Zum Glück ist das aber nur die eine Seite der Medaille. Diesen Herausforderungen steht prinzipiell die Möglichkeit einer bedürfnisorientierten Selbstorganisation gegenüber. Geht man die Herausforderungen aktiv an, kann New Ways of Working dazu genutzt werden, die Arbeit besser nach den eigenen Bedürfnissen zu gestalten. Entscheidend dafür, ob Menschen eine Arbeitssituation als belastend oder stressreich erleben, sind einerseits die subjektive Bewertung der Situation und andererseits die verfügbaren Ressourcen (**kognitiv-transaktionale Stresstheorie**, Lazarus & Folkman, 1984).

Die Herausforderungen im Homeoffice sind so individuell wie die Personen, die sich ihnen stellen. Manche haben Schwierigkeiten einen Startpunkt für die Arbeit zu finden, anderen fällt es vielleicht schwer, den Schlussstrich am Ende eines Arbeitstages zu ziehen. Wichtig ist es, Routinen aufzubauen, die dem eigenen Tagesrhythmus und den individuellen Anforderungen aus Beruf und Privatleben entgegenkommen. Die flexiblen Bedingungen im Homeoffice können mit ein bisschen Übung dazu genutzt werden, um sich eine Tagesstruktur zu schaffen, die sich bestmöglich an die eigenen Bedürfnisse und Umstände anpasst. Zum Beispiel kann eine Aufgabe, die absolute Konzentration erfordert, im Kalender so gelegt werden, dass Unterbrechungen unwahrscheinlich sind und der Fokus nachhaltig auf der Aufgabe liegt. Auch könnte man sich Anrufe und Meetings gesammelt am Rand der Arbeitstage platzieren, um Störungen des Arbeitsprozesses zu minimieren. Nach der Arbeit kann man z. B. ein Abendritual nutzen, um die Arbeit hinter sich zu lassen und bewusst in der Freizeit anzukommen. Die Anpassung an die eigenen Bedürfnisse ist allerdings ein längerfristiger Prozess, der zahlreiche Wiederholungen des gewünschten Verhaltens erfordert. Philippa Lally und ihr Team am London University College zeigten (2010) beispielsweise, dass Gesundheitsmaßnahmen wie Spazierengehen nach dem Abendessen Wiederholungen von 18 bis 254 Tagen erfordern, damit dieses Verhalten zur Routine wird und keiner bewussten Entscheidung mehr bedarf.

Trotz gutem Willen gelingt es uns manchmal nicht, das Verhalten in eine positive Richtung zu verändern (Achtziger & Gollwitzer, 2006). Auch wenn die Intention zwar eine wichtige Voraussetzung darstellt, reicht sie alleine nicht aus, um das eigene Verhalten erfolgreich zu steuern und zu kontrollieren (Burkert & Sniehotta, 2009; Webb & Sheeran, 2006). Wenn es zu keiner nachhaltigen Verhaltensänderung kommt, obwohl die Intention dazu vorhanden ist, spricht man von einer sogenannten **Intentions-Verhaltens-Lücke** (Sheeran, 2002). Um diese Intentions-Verhaltens-Lücke zu schließen, gilt es, die störenden Einflüsse sowie unerwünschte Verhaltensmuster zu dezimieren (Burkert & Sniehotta, 2009). Die Arbeitsbedingungen im Homeoffice müssen daher so gestaltet werden, dass sie für die Ausübung des intendierten Verhaltens förderlich sind (Verplanken & Wood, 2006). Merkmale einer bestimmten Situation (z. B. das akustische Signal des eintreffenden E-Mails unterbricht die aktuelle Arbeitstätigkeit sofort und das E-Mail wird gelesen) können Verhaltensweisen auslösen, welche zur unliebsamen Gewohnheit geworden sind und welche die Zielerreichung verzögern oder gar verhindern (Gollwitzer, 1993).

Doch **wie kann das Verhalten nachhaltig geändert werden?** Oft hat man einen Kampf mit sich selbst, um Veränderungen in Gang zu bringen. Zu bequem ist die Komfortzone, in der wir uns eingerichtet haben. Doch eines müssen wir wissen: Komfortzonen sind geprägt von Routineabläufen und Gewohnheiten (Brown, 2008). Damit sind Verhaltensweisen gemeint, die bereits gut etabliert und nicht sonderlich anstrengend sind. Dazu zählen Handlungen, die schon sehr häufig gemacht wurden und über die man wenig bis gar nicht nachdenken muss (Brown, 2008). Leider befinden sich in unseren Komfortzonen häufig nicht nur positive, sondern auch negative Gewohnheiten, die die eigene Gesundheit gefährden. Doch wie kann aufgrund der gewünschten Intention eine Verhaltensänderung herbeigeführt werden?

Das **AMSO-Prinzip** (O'Donnell, 2005) kann dabei helfen, Verhalten zu ändern. Denn es gibt Hinweise darauf, welche Aspekte wichtig sind, um die Intention in Verhalten umzuwandeln. AMSO ist ein Akronym für die folgenden vier Bereiche: **A**ufmerksamkeit, **M**otivation, **S**kills (Fähigkeiten), um eine zielführende Handlung durchzuführen, und die **O**ption zu handeln:

Aufmerksamkeit: Zunächst ist es wichtig, die Aufmerksamkeit auf die gewünschte Verhaltensänderung zu lenken (O'Donnell, 2005). Gerade wenn es sich um Gewohnheiten handelt, ist die Selbstreflexion bedeutsam. Gewohnheiten sind unbewusst und müssen somit aktiv ins Bewusstsein geholt werden, um sie überhaupt einmal bewusst zu bemerken (Verplanken & Wood, 2006). Allgemein können uns Informationen darauf aufmerksam machen, dass wir mehr auf die eigene Gesundheit achten könnten (z. B. weniger Stress, gesünderes Essen, mehr Bewegung etc.). Mit den Informationen in den vorangegangenen Kapiteln soll die Aufmerksamkeit beispielsweise auf das mentale Abschalten von der Arbeit für die Erholung und das Wohlbefinden gelenkt werden. Jedoch reichen Informationen allein häufig nicht aus, es braucht mehr (Verplanken & Wood, 2006). Nämlich die Motivation und die Skills, also die Fähigkeiten, und die Option zu handeln.

Motivation: Wenn eine ungünstige Situation oder ein negatives Verhalten verändert werden soll, ist Motivation gefragt. Je motivierter jemand ist, desto höher stehen die Chancen, dass das erlernte Wissen und die Fertigkeiten in Verhalten transformiert werden. Verhalten ist zwar durch Belohnungen motivierbar, jedoch sollte man dabei nicht den Fehler begehen, sich ausschließlich auf extrinsische Belohnungen zu stützen. Extrinsische Belohnungen, wie z. B. Geld oder kleine Geschenke, sind zu Beginn zwar gute Motivatoren, auf längere Sicht reichen sie jedoch nicht aus, um sich und andere Personen zu motivieren. Langfristig ist es essenziell, neben den äußeren auch die inneren Treiber – die sogenannte **intrinsische Moti-**

vation – zu identifizieren (O'Donnell, 2005). Was sind meine Leidenschaften? Was sind meine langfristigen Ziele? Was sind meine aktuellen Prioritäten? Neben dem Wissen um die eigenen intrinsischen Belohnungsmechanismen ist es zudem wichtig, sich durch das Setzen von Teilzielen „**Quick Wins**" zu ermöglichen. Das Erleben kleiner Erfolge lässt eine Situation bewältigbar erscheinen und fördert die Selbstwirksamkeit, also das Gefühl, etwas bewirken und verändern zu können (Bandura, 1990; Brinkmann, 2014). Je stärker die Selbstwirksamkeit ausgeprägt ist, desto größer ist auch die Motivation, die Handlung auszuführen (O'Donnell, 2005). Wichtig ist es also, sich zunächst kleine erreichbare Ziele zu setzen, die die Selbstmotivation stärken und später durchaus herausfordernder werden dürfen.

Skills: Damit ein Verhalten in die Tat umgesetzt wird, ist es wichtig, nicht nur das Ziel, also das WAS, zu kennen, sondern auch den Weg dorthin, also das WIE (O'Donnell, 2005). Aufmerksamkeit und Motivation reichen demnach alleine nicht aus. Meine Fähigkeiten, mit dem Stressor adäquat umzugehen und mir ausreichend Zeit dazu zu nehmen, sind unabdingbar, um Verhalten zu ändern (O'Donnell, 2005). Mit Hilfe von Routinen kann dies gelingen. Das Grundprinzip von Routinen ist simpel: Es geht darum, eine bestimmte Handlung so lange zu wiederholen, bis sie zur Gewohnheit wird (Selye, 1956; Staudt, 2021). Denn Routinen geben uns Struktur und Orientierung in unserem Alltag (Ehn & Löfgren, 2020) und ersparen uns eine Menge an Entscheidungen (Staudt, 2021). Durch die gezielte Nutzung von Routinen kann man sich auch im Homeoffice selbst die benötigte Struktur geben, ohne sich dabei zu überfordern (Staudt, 2021). Die nachfolgenden Übungen aus der App swoliba zeigen mögliche Handlungsstrategien im Homeoffice auf. Zusätzlich wird durch die Erinnerungsfunktion in der App die Regelmäßigkeit unterstützt, sodass das bewusste Verhalten kein Einzelfall bleibt, sondern zur gewollten Routine wird.

Option zu handeln: Selbst, wenn man hochmotiviert ist, das eigene Verhalten zu ändern, und auch den Weg dorthin kennt, müssen sowohl die Zeit als auch die Gelegenheit zur Umsetzung vorhanden sein (O'Donnell, 2005). Gerade im Homeoffice ist es wichtig, die Umgebung mitzudenken, immerhin ist das Homeoffice Arbeits- und Erholungsort zugleich und daher kann es leichter zu Ablenkungen aus dem jeweils anderen Bereich kommen (Staudt, 2021). Wichtig dabei ist sich die eigene Reaktion auf bestimmte Umweltreize bewusst zu machen. Durch bewusste Entscheidungen, wie auf Reize von außen reagiert wird (Verplanken & Wood, 2006), können alte Gewohnheiten nicht nur überdacht, sondern auch verändert und neue – gesundheitsförderliche – Gewohnheiten etabliert werden (Wood et al., 2005). Die Umgebung soll dabei so gestaltet werden, dass die Ausführung des gewünschten Verhaltens leichter wird. Nimmt man sich beispielsweise vor, nach 18 Uhr nicht mehr zu arbeiten, so sollte man den Arbeitslaptop runterfahren und ihn aus dem Sichtfeld räumen.

Verhaltensweisen, die zu Gewohnheiten geworden sind, werden von Merkmalen der Umstände gesteuert, unter denen das Verhalten gezeigt wird. Mit Merkmalen der Umstände sind Hinweise aus der Umwelt gemeint, wie z. B. eine bestimmte Tageszeit (9 Uhr,

12 Uhr, 17 Uhr etc.), ein Ort (Küche, Büro, Schlafzimmer etc.) oder ein Gegenstand (Frühstücksschale, Arbeitslaptop, Zahnbürste etc.). Auch innere Zustände (Emotionen und Stimmungen) und die Anwesenheit von typischen Interaktionspartner*innen (Arbeitskollegin, Chefin, Lebensgefährte etc.) können Gewohnheiten in automatischer Weise auslösen (Ouellette & Wood, 1998; Wood et al., 2005).

Da Gewohnheiten automatisiert ablaufen, ist es wichtig, diese wiederkehrend zu reflektieren und jene Aspekte in der Umgebung zu identifizieren, die die ungeliebten Gewohnheiten unterstützen. Dazu müssen wir wissen: Wie funktionieren Gewohnheiten? Durch die häufige Paarung von Reiz und Reaktion werden im Gedächtnis Assoziationen gebildet, die sich durch Wiederholungen verfestigen. Es kommt zur Gewohnheitsbildung. Führt man eine Handlung zum ersten Mal aus, läuft der Vorgang meist sehr bewusst und eher mühsam ab (z. B. das Autofahren). Je öfter man Handlungen wiederholt, desto schneller treten die Entscheidungen, die man dabei trifft und über deren Ausführungen man nachdenken muss, in den Hintergrund. Das spart auf der einen Seite Energie, auf der anderen Seite hat man dadurch jedoch recht wenig Einfluss auf die Steuerung von gewohnheitsmäßigen Verhaltensweisen. **Gewohnheiten sind Automatismen**, die sich entwickeln, wenn Menschen Handlungen unter stabilen Umständen wiederholt ausführen (Verplanken & Wood, 2006). Daher ist es für die Verhaltensänderung sinnvoll, die Umstände zu destabilisieren und Umweltveränderungen vorzunehmen. Nur so können bestehende Gewohnheiten unterbrochen werden (Verplanken & Wood, 2006).

Anpassungsstrategien müssen die jeweiligen Umstände berücksichtigen und für jede Person individuell geplant werden. Gerade, wenn es um die Änderung komplexer Verhaltensmuster geht (z. B. kontrollierte Smartphonenutzung, mehr Pausen in den Arbeitsalltag einbauen etc.) ist es wahrscheinlich, dass die gefasste Absicht gegen Versuchungen und Ablenkungen aus der Umgebung abgeschirmt werden muss (Burkert & Sniehotta, 2009). Um die Umgebung an die Verhaltensänderung anzupassen, ist es notwendig, die vorhandenen Ressourcen zu beleuchten. Denn Ressourcen sind die zentralen Schutzfaktoren für den Menschen und dienen dazu, das eigene Wohlbefinden durch ihren Einsatz aufrechtzuerhalten (Theorie der Ressourcenerhaltung, Hobfoll, 1989). Ressourcen können z. B. die Autonomie zur Wahl des Arbeitsplatzes, Selbstmanagementkompetenzen oder eine ausgereifte Strategie der Grenzziehung zwischen Arbeit und Privatleben sein. Das Empfinden der Kontrolle über eine Situation geht beispielsweise mit einer Vielzahl an positiven Auswirkungen einher. Dazu gehört neben einem geringeren Stresserleben und einem positiveren Blickwinkel auf Stresssituationen (Lazarus, 1966) auch eine verbesserte generelle Stimmung im Alltag (Bandura, 1997). Wenn eine Person die eigenen Ressourcen jedoch als unzureichend einschätzt, entsteht unweigerlich Stress (Lazarus & Folkman, 1984). Wer bereits wenige Ressourcen hat, wird stärker durch die negativen Effekte eines Ressourcenverlustes beeinträchtigt und ist demnach besonders gefährdet, ein geringes Wohlbefinden zu haben. Stehen jedoch viele unterschiedliche Ressourcen zur Verfügung, kann ein Ressourcenverlust durch den Einsatz anderer Ressourcen kompensiert werden. Aus diesem Grund ist es besonders relevant, bereits bei den ersten Anzeichen von Belastungen oder Schwierigkeiten zu reagieren. Ressourcen müssen dann zum Schutz eines weiteren Ressourcenverlustes eingesetzt werden (Brinkmann, 2014). Je häufiger eine Person eine bestimmte Situation bewältigen kann, desto weniger bedrohlich ist sie (Lazarus & Folkman, 1984). Ziel soll es also sein, auch im Homeoffice Ressourcen zu aktivieren, die vielleicht nicht unmittelbar für die Bedingung im Homeoffice zur Verfügung stehen, und Gewohnheiten zu etablieren, die die Erholung unterstützen. Beispielsweise ist es sinnvoll, den Kollegen und Kolleginnen aktiv mitzuteilen, dass Sie Ihre Arbeit für den Tag beenden, um die Anzahl von Nachrichten außerhalb Ihrer Arbeitszeit zu reduzieren.

3.2   Welche Handlungsstrategien fördern meine Erholung im Homeoffice?

Erholung ist die Genesungsperiode nach einer erlebten Stressperiode und kann als Prozess der Verringerung oder Beseitigung physischer und psychischer Belastungssymptome verstanden werden. Eine Stressperiode kann z. B. durch berufliche Anforderungen und belastende Ereignisse bei der Arbeit verursacht werden (Meijman & Mulder, 1998). Das „**Effort-recovery model**" (im Deutschen Aufwand-Erholungs-Theorie) beschreibt in diesem Zusammenhang Erholung als den Prozess der Rückkehr zum psychologischen Ausgangszustand durch die Beseitigung der während des Arbeitstages initiierten psychischen Belastung (Meijman & Mulder, 1998). Mentale Erholung ist wichtig, weil belastende Erfahrungen (z. B. sich nervös oder verärgert fühlen, Herzklopfen, schwitzen, über eine längere Zeit angestrengter als sonst arbeiten) die Funktionssysteme eines Menschen in Anspruch nehmen. Wie kann man nun die körperlichen und geistigen Belastungssymptome, die im Kontext der Erwerbsarbeit verursacht wurden, rückgängig machen? Wichtig ist hier, dass Beschäftigte von Zeit zu Zeit die Arbeit bewusst hinter sich lassen. Denn dem beschriebenen Anstrengungs-Erholungs-Kreislauf zufolge findet Erholung vor allem in der Freizeit statt. Denn nur in der Freizeit kann man sich körperlich und mental von der Arbeit loslösen und die eigenen Kräfte, die unter dem Stresserleben gelitten haben, erneuern (Sonnentag & Fritz, 2015). Erholung ist also essenziell für die Gesundheit der Beschäftigten und tritt nur dann ein, wenn der Organismus nicht mehr durch Arbeit beansprucht wird (Meijman & Mulder, 1998). Das Thema Erholung ist in der Forschung eng mit dem Namen Sabine Sonnentag verknüpft. Sonnentag und Fritz (2007) entwickelten einen Fragebogen, der das Erholungsverhalten messen soll. Sie beziehen sich darin auf die folgenden vier Aspekte, die bereits in Abschn. 1.2 angesprochen wurden und zur Erholung beitragen: das Gefühl von Kontrolle, das mentale Abschalten nach der Arbeit sowie das Erleben von Erfolgserlebnissen und die Entspannung. Nachfolgend werden alle vier Aspekte in Bezug auf das Homeoffice thematisiert.

Mit **Kontrollgefühl** ist nach Sonnentag und Fritz das Ausmaß gemeint, in welchem Personen frei über die eigene Freizeitgestaltung verfügen können. Besonders im Homeoffice spielt das Kontrollgefühl eine entscheidende Rolle, da die räumliche Trennung zwischen dem Arbeitsplatz und dem Wohnbereich fehlt und die Grenzziehung zwischen Arbeit und Privatleben aktiv gesetzt werden muss. Beschäftigte im Homeoffice müssen sich dessen bewusst sein und auch nach außen hin sowohl ihren Beginn als auch den Schlusspunkt ihrer Arbeit kommunizieren. Damit wird auch das **mentale Abschalten** nach der Arbeit gefördert, sodass Gedanken an Aufgaben oder negative Geschehnisse, die während der Arbeitszeit stattfanden, nicht den Freizeitbereich dominieren. Die Arbeit im Homeoffice erfordert daher, dass Situationen geschaffen werden, in welchen die Beschäftigte nicht von arbeitsbezogenen Pflichten erreicht werden, sodass das mentale Abschalten von der Arbeit erleichtert wird (Sonnentag & Bayer, 2005).

Zusätzlich zur Abgrenzung wirken auch **Erfolge außerhalb der Arbeit** begünstigend auf die Erholung, da sie das Erleben der eigenen Kompetenz ermöglichen, ohne zu viel Druck aufzubauen oder eine Person zu überfordern (Fritz & Sonnentag, 2006). Dies verlangt zunächst durchaus einen zusätzlichen Aufwand jenseits der Arbeitszeit, führt aber mit der Zeit zu mehr Erholung, da durch solche Erfolgserlebnisse neue Ressourcen wie beispielsweise neue Fähigkeiten oder Selbstwirksamkeit aufgebaut werden (Bandura, 1997). Ebenfalls verbessern solche Erlebnisse die Stimmung (Parkinson & Totterdell, 1999). Sinnvoll ist es, in der Erholungsphase Tätigkeiten nachzugehen, die sehr unterschiedlich zu den Arbeitstätigkeiten sind. Ist man in der Arbeit kognitiv sehr gefordert, dann sollte die Freizeit eine willkommene Abwechslung davon sein.

Ununterbrochene Anforderungen an das System unseres Körpers und vor allem unseres Gehirns können sich schnell in langfristigen Beeinträchtigungen im Alltag manifestieren (Brosschot et al., 2005). Deshalb ist Entspannung für unsere Erholung ebenfalls sehr wichtig. **Entspannung** wird charakterisiert durch eine niedrige Aktivierung des mentalen und körperlichen Systems sowie durch eine generelle positive Stimmung (Stone et al., 1995). Die positive Stimmung ist bedeutender, als man es vielleicht annehmen würde, denn die Wissenschaft zeigt uns deutlich: Positive Stimmung kann negative Emotionen des Arbeitsalltags wieder neutralisieren (Fredrickson et al., 2000).

Aufbauend auf diesen vier Erholungserlebnissen entwickelten wir die Smartphone-App swoliba, um Beschäftigten zu helfen, auch in anstrengenden (Home-)Officezeiten körperlich und mental gesund zu bleiben (nähere Informationen zur App siehe Abschn. 1.2). Die App enthält Übungen bzw. Verhaltenstipps, die einerseits die Grenzziehung zwischen Arbeit und Privatleben fördern. Zum anderen gibt es Übungen, die Beschäftigte mit Schutzfaktoren (z. B. dem Erleben von Kontrolle und Kompetenz) ausstatten, damit sie sich schnell von Stress erholen oder ihn gar nicht erst in voller Intensität erleben. Damit wird das Ziel verfolgt, das psychische Wohlbefinden und die körperliche Gesundheit der Beschäftigten kurz- und langfristig zu erhalten oder sogar zu steigern. Im Folgenden werden die beliebtesten Übungen aus der App vorgestellt und ihr wissenschaftlicher Hintergrund erklärt.

3.3   Stressbewältigung durch Abstand und Grenzziehung

Um genügend Zeit zur Erholung von der Arbeit zu haben und diese Zeit auch effektiv für Erholung zu nützen, sollten Beschäftigte zwei Dinge berücksichtigten: Erstens müssen Beschäftigte Zeiten definieren, die tatsächlich frei von Arbeitseinflüssen sind und in denen keine Arbeitstätigkeiten durchgeführt werden. Da Beschäftigte im Homeoffice die Arbeit oft räumlich nicht hinter sich lassen können, bedarf es hier einer aktiven Kontrolle, um die Grenze zwischen Arbeit und Privatleben zu ziehen. Zweitens ist es erforderlich, dass Beschäftigte in ihrer Freizeit die Arbeit nicht nur physisch, sondern auch gedanklich und emotional hinter sich lassen (Ashforth et al., 2000; Sonnentag & Fritz, 2015). Diese mentale Abgrenzung von der Arbeit in der Freizeit ist nach einem stressigen Arbeitstag, den man in aufgewühlter Stimmung beendet, gar nicht immer leicht. Die folgenden Übungen unterstützen die Grenzziehung und das Abschalten von der Arbeit nachweislich.

3.3.1   Bewusste Grenzziehung zwischen Beruf und Privatleben

Bei der aktiven Grenzziehung zwischen Beruf- und Privatleben geht es in erster Linie nicht darum, eine strikte, unverrückbare Grenze zwischen Arbeit und Privatleben zu setzen, sondern sich bewusst zu machen, dass – wenn Grenzen verschwimmen – das selbstbestimmt und nicht fremdgesteuert erfolgen soll. Die bewusste Ausübung von Kontrolle über meine eigenen Grenzen hilft, mich vom Einfluss der Arbeitsstressoren abzuschirmen und zu erholen. Nur Beschäftigte, die aktiv kontrollieren und planen, wann sie arbeiten – und vor allem wann sie Freizeit haben –, können sicherstellen, dass sie genug Zeit haben, um sich auch regelmäßig wieder zu erholen. Die folgenden zwei Übungen unterstützen Beschäftigte dabei zu erkennen, welchen Bereich

- des Arbeitslebens (Übung 1 „Planungsfrühstück") und
- der Grenze zwischen Arbeit und Privatleben (Übung 2 „SmartPhone – SmartBalance")

sie tatsächlich kontrollieren können. Die Übungen sollen Beschäftigte motivieren, diese Kontrolle auch auszuüben, um sich selbst Freiräume zur Erholung zu schaffen. In den nachfolgenden Absätzen werden diese Übungsbeispiele näher ausgeführt. Für die Ansprache in allen Übungen haben wir das informalere „Du" gewählt, um hier einen stärkeren Bezug zur Übung zu schaffen.

3.3.1.1 Übung 1 „Planungsfrühstück"

Ziel: Organisation des Tages.

Diese Übung soll deine Wahrnehmung und Ausübung von Kontrolle innerhalb deiner Arbeit stärken.

Durch realistische Planung des Arbeitspensums und der Reihenfolge der Abarbeitung von To-dos können nicht nur Arbeitszeiten besser geplant werden, sondern auch die Freizeiten für Erholung. Neben der Schaffung von Freiräumen ist die Wahrnehmung von Selbstbestimmung bei der Arbeit ein wichtiger Faktor für intrinsische Arbeitsmotivation sowie ein höheres Wohlbefinden (Deci et al., 2017).

Was ist zu tun?
Mach dir ein gutes Frühstück – oder ein gutes Getränk – und stelle dir dabei schon einmal vor, wie dein Arbeitstag heute verlaufen soll. Stell dir dabei folgende Fragen:

- Welche beruflichen Termine hast du?
- Welche Tätigkeiten möchtest du in welcher Reihenfolge erledigen?
- Mit welchen Kolleg*innen willst du Rücksprache halten? Wann erreichst du die Personen am besten?
- Wann beendest du deinen Arbeitstag und was machst du danach?

Diese Übung sollte eher morgens (bzw. bei Arbeitsbeginn) durchgeführt werden und pro Durchführung (eher mehr als) fünf Minuten dauern.

Wann möchte ich das "Planungsfrühstück" durchführen?

Was gefällt mir besonders am "Planungsfrühstück"?

Wie kann ich das "Planungsfrühstück" an meinen Alltag anpassen?

3.3.1.2 Audioübung 2: „SmartPhone – SmartBalance"

Ziel: Benutzerdefinierte Erreichbarkeit.

Diese Übung soll deine Wahrnehmung und deine Ausübung von Kontrolle über die Grenze zwischen Arbeit und Privatleben stärken.

Sie kann zwischendurch durchgeführt werden und dauert etwa drei Minuten.

Nur durch aktive Kontrolle können sich die Beschäftigten strikte Freizeiten zur Erholung schaffen bzw. einplanen. Die Schaffung von Regeln im eigenen Umgang mit dem Smartphone, insbesondere im beruflichen Kontext, führt zu einer Stärkung der Kontrolle der Grenzen zwischen Arbeit und Privatleben (Ticona, 2015).

Was ist zu tun?

In dieser (Audio-)Übung bekommst du Tipps und Tricks, wie du deine Erreichbarkeit via Smartphone benutzerdefiniert einstellen kannst und so die Kontrolle über dein Handy behältst!

- *Berufliche Erreichbarkeit einschränken:* Musst du wirklich noch nach Ende der Arbeitszeit für deine Arbeit erreichbar bleiben? Nicht wirklich? Dann sag deinen Kolleginnen und Kollegen einfach persönlich oder per E-Mail „Tschüss" für heute und schalte dein Diensthandy aus.
- *Smartphone zum Smart-Trennen:* Falls bei dir private und berufliche Kontakte auf einem Gerät zusammenkommen, raten wir dir, gewisse Kanäle nur für den Beruf zu nutzen (z. B. Arbeitsmail, Skype for Business, LinkedIn etc.) und andere nur für dein Privatleben (z. B. private Mail, Skype, Facebook etc.). Damit dir dein Smartphone dabei nicht dazwischenfunken kann, geh in die Appeinstellungen und entziehe deinen Apps die Berechtigung zur Nutzung von Hintergrunddaten. So entscheidest du selbst, wann du welche Nachrichten lesen möchtest, indem du die jeweilige App aktiv öffnest, um deine Nachrichten zu erhalten.
- *Gruppen stummschalten:* Benutzt du WhatsApp oder einen ähnlichen Messenger? Dann kennst du es bestimmt, wenn man in einer Gruppe ist und das Handy gefühlt alle drei Sekunden klingelt. Stell doch diese „nervösen" Gruppen auf stumm. Die Nachrichten erhältst du trotzdem und du kannst sie lesen, wann du es möchtest und nicht, wann dich dein Smartphone dazu auffordert!
- *Nutzungslimits für Apps am Handy setzen:* Setze dir Nutzungslimits für deine Apps! Wenn es dir schwerfällt, dich an deine eigenen Regeln zu halten, kann dir dein Smartphone auch behilflich sein.

Wann möchte ich "SmartPhone-SmartBalance" durchführen?

Was gefällt mir besonders an "SmartPhone-SmartBalance"?

Wie kann ich "SmartPhone-SmartBalance" an meinen Alltag anpassen?

3.3.2   Mentales Abschalten von der Arbeit in der Freizeit

Das mentale Abschalten von der Arbeit kann durch das Erlernen von Routinen trainiert werden (Hahn et al., 2011). Wichtig dabei ist, dass mentales Abschalten schnell und ohne großen Aufwand funktioniert. Beschäftigte sollen die zwei Lebensbereiche Arbeit und Privatleben nicht nur hinsichtlich Ort und Zeit, sondern auch hinsichtlich der mit diesen Lebensbereichen assoziierten Gedanken und Gefühle voneinander abgrenzen. Es gibt daher eine Übung zum Übergang von der Arbeit in die Freizeit und umgekehrt von der Freizeit in die Arbeit. Außerdem unterstützen Übung 3 und 4 dabei, die Gedanken auf den Freizeitbereich zu fokussieren. Die Übungen 3 bis 6 zielen auf die mentale Abgrenzung zwischen Arbeit und Privatleben ab.

- Übergangsrituale von Arbeit ins Privatleben (Übung 3 „Ritualisiertes Abschalten"),
- Übergangsrituale vom Privatleben in die Arbeit (Übung 4 „Symbolisches Bett-Machen")
- Entwicklung psychologischer Anker (Übung 5 „Freizeit-Anker") sowie
- Auflösung von Gedanken und Gefühlen, die nach einem Arbeitstag hängen bleiben (Übung 6 „Morgen ist auch noch ein Tag").

3.3.2.1 Übung 3 „Ritualisiertes Abschalten"

Ziel: Schlusssignal für den Tag.

Diese Übung beschreibt ein Ritual, das dir helfen soll, den Übergang von der Arbeit in die Freizeit zu betonen, sodass du dich auch mental und emotional von der Arbeit verabschieden kannst und psychisch nur noch von privaten Gedanken und Gefühlen geprägt bist.

Speziell im Homeoffice verläuft die Grenze zwischen Arbeit und Privatleben sehr flexibel, da keine räumliche Trennung stattfindet und die Beschäftigten sich oft ihre Arbeitszeit flexibel einteilen können (Kossek et al., 2006). Rituale fördern Verhaltensweisen, die in Stresszeiten davor bewahren, in jene Verhaltensmuster zu verfallen, die der Gesundheit (bzw. in diesem Fall der Entspannung) unzuträglich sind (Wood & Rünger, 2016).

Durch das ständige Wiederholen dieser entspannungsfördernden Verhaltensweise wird eine Übung zur Routine bzw. zur Verhaltensgewohnheit. Das Verhalten muss nun nicht mehr mit viel Motivationsaufwand initiiert werden, denn es verläuft automatisiert (Verplanken & Orbell, 2022), so wie etwa die Gangschaltung für routinierte Autofahrer oder die Eingabe des PIN-Codes beim Bezahlen mit Bankomatkarte. Durch einfache Übungen wie das „Sesselschieben" des soll das Abschalten von der Arbeit und das Ende des Arbeitstages noch zusätzlich unterstützt werden.

Was ist zu tun?

Mit Hilfe einer einfachen Bewegung konditionierst du deinen Kopf darauf, dass auch er nach Arbeitsende in den Freizeitmodus wechseln darf:

1) Stell dich an deinen Schreibtisch hinter deinen Sessel und blicke auf deinen Arbeitsplatz.
2) Schau dann deinen Sessel an, auf dem du heute deine Arbeit (im Homeoffice) geleistet hast.
3) Erkläre dann deinen Tag für beendet, indem du deinen Sessel ganz bewusst an den Tisch schiebst.
4) Dreh dich dann von deinem Schreibtisch weg und blicke deinem Feierabend mit positiver Stimmung entgegen.

Diese Übung sollte nach der Arbeit durchgeführt werden und pro Durchführung nicht mehr als etwa eine Minute dauern.

Tipp Mach diese Übung am besten jeden Tag, sodass sie zu deinem persönlichen Abschaltritual wird. Du wirst sehen: Mit der Zeit machst du dieses Ritual automatisch und schaltest nach Arbeitsende gedanklich auch automatisch schneller von der Arbeit ab.

Wann möchte ich "Ritualisiertes Abschalten" durchführen?

Was gefällt mir besonders an "Ritualisiertes Abschalten"?

Wie kann ich "Ritualisiertes Abschalten" an meinen Alltag anpassen?

3.3.2.2 Übung 4 „Symbolisches Bett-Machen"

Ziel: Startsignal für den Tag.

Diese Übung schlägt dir ein Ritual vor, welches die psychologische Abgrenzung von der Freizeit am Start eines Arbeitstages initiieren soll.

Nicht nur die psychologische Loslösung von der Arbeit während der Freizeit, sondern auch die psychologische Loslösung von der Freizeit und Bindung an die Arbeit sind entscheidend für das Wohlbefinden und für die Motivation von Beschäftigten während der Arbeitsstunden (Sonnentag & Kühnel, 2016). Zudem fördert diese Übung die Bildung eines Rituals, welches die psychologische Abgrenzung von der Arbeit und der Freizeit betont, was sich wiederum förderlich auf das Abschalten-Können nach der Arbeit auswirkt (Althammer et al., 2021).

Was ist zu tun?
Im Homeoffice ist es manchmal schwer, einen konkreten Abschluss der Freizeit festzumachen und gedanklich in der Arbeit anzukommen. Erleichtere dir diesen Übergang mit einem kleinen Morgenritual.

Mache immer als letzte Handlung in deiner Freizeit dein Bett und setze dich danach sofort an deinen Arbeitsplatz im Homeoffice. So dient dir die Handlung des Bettmachens als symbolischer Abschluss der Schlaf- und Ruhezeit und du kommst leichter in deiner Wach- und Arbeitszeit an.

Diese Übung sollte morgens (bzw. bei Arbeitsbeginn) durchgeführt werden und pro Durchführung nicht mehr als etwa eine Minute dauern.

Wann möchte ich "Symbolisches Bett-Machen" durchführen?

Was gefällt mir besonders am "Symbolischen Bett-Machen"?

Wie kann ich das "Symbolische Bett-Machen" an meinen Alltag anpassen?

3.3.2.3 Videoübung 5 „Freizeit-Anker"

Ziel: Bewusst im Freizeitmodus.

Diese Übung macht sich den Ankereffekt zunutze und unterstützt dich beim Ziehen der psychologischen Grenze zwischen Arbeit und Privatleben. Wenn du dementsprechend ein bestimmtes Objekt siehst, das mit privaten Erlebnissen verknüpft ist, kannst du dich schneller in die Freizeit eindenken und einfühlen. Die Übung kann zwischendurch durchgeführt werden und dauert pro Durchführung nicht länger als etwa eine Minute.

Reize aus der Umwelt (z. B. ein Objekt oder ein Ort) können bewusste Gedächtnisinhalte aktivieren, wenn eine Person in diesen Reizen gewisse Bedeutungen „verankert" hat. Dieser Vorgang der „Verankerung" verknüpft gewisse Objekte, Orte, Gerüche, Geräusche etc. mit bestimmten Bedeutungen (z. B. mit einer Person, mit einem Gefühl oder eben mit einem Lebensbereich). Zu einem späteren Zeitpunkt werden diese Inhalte unbewusst aktiviert, was in der Psychologie auch als **Priming** bezeichnet wird (Tulving & Schacter, 1990). Die Wahrnehmung eines persönlichen Ankers hat deutlichen Einfluss auf Entscheidungen und Verhalten einer Person, was dieser meistens jedoch nicht bewusst ist (Tversky & Kahneman, 1992).

Was ist zu tun?
Symbole umgeben uns immer und überall und wir verbinden sie meistens mit bestimmten Kontexten. Wahrscheinlich kennst du das: Der Geruch von Zimt und Tannen erinnert dich ganz automatisch an Weihnachten. Mit der roten Ampel verbindest du vermutlich: „Achtung, stehen bleiben!" Und vielleicht assoziierst du mit dem Rauschen des Meeres eine angenehme Urlaubsstimmung. Überlege dir: Was ist es, das du mit einer erholsamen Freizeit verbindest? Begib dich auf die Suche nach deinem persönlichen Freizeitanker und positioniere ihn bewusst bei deinem Übergang von Arbeit in die Freizeit!

Diese Verknüpfung können wir auch aktiv nutzen. Vielleicht gibt es etwas, das du mit deiner Freizeit verbindest und bei dem du bestimmt nie an die Arbeit denken musst? Das können ganz verschiedene Dinge sein:

- Ein bestimmter Ort wie deine Terrasse oder dein Schaukelstuhl.
- Ein Gegenstand wie dein Lieblingskaffeehäferl oder deine Jogginghose.
- Auch Musik ist ein starker Anker – such dir ein Lied, das dich wieder an deine Freizeit erinnert, wenn dich Gedanken an die Arbeit einholen!
- Gerüche, wie etwa eine Duftkerze.

Wann möchte ich den "Freizeit-Anker" durchführen?

Was gefällt mir besonders am "Freizeit-Anker"?

Wie kann ich die "Freizeit-Anker" an meinen Alltag anpassen?

3.3.2.4 Videoübung 6 „Morgen ist auch noch ein Tag"

Ziel: Grübeln reduzieren.

Diese Übung sollte eher abends (bzw. bei Arbeitsende) durchgeführt werden und pro Durchführung etwa drei Minuten dauern.

Selbstreflexion in Kombination mit dem Setzen von Zielen und Teilzielen trägt dazu bei, realistische Ziele zu setzen, also Ziele, die auch erreicht werden (Travers et al., 2015). Das gedankliche Abspielen des kommenden Arbeitstages erhöht zudem den Fokus auf die Arbeitsziele und die Kontrolle über diese (Sonnentag et al., 2019). Am wichtigsten jedoch ist es, dass eine solche proaktive Selbstreflexion dabei helfen kann, ungelöste berufliche Themen und Probleme gedanklich durchzuspielen und somit aufzulösen, was auch das spätere Grübeln über die Arbeit in der Freizeit reduziert (Martin & Tesser, 1996). Und diese Übung soll genau das bewirken: Die Auflösung von Gedanken (z. B. an offene Arbeitsaufgaben) und Gefühlen (z. B. sich nervös zu fühlen, weil eine Aufgabe bald fällig ist, jedoch bisher noch keine Zeit war, diese zu erledigen), die nach einem Arbeitstag mental hängen bleiben.

Was ist zu tun?

Am Ende eines Arbeitstages hat man oftmals noch nicht alle Aufgaben abgeschlossen. Diese Aufgaben dann einfach liegen zu lassen, ist nicht so leicht, vor allem, wenn die Arbeitsutensilien ständig in Reichweite sind. Diese Übung hilft dir, deinen Arbeitstag geistig zu beenden, ohne dabei etwas Wichtiges zu vergessen.

Nutze darum die letzten Minuten deiner Arbeitszeit (im Homeoffice), um dir Folgendes zu überlegen:

- Was hattest du dir heute vorgenommen?
- Konntest du alle To-dos erledigen oder sind Aufgaben offengeblieben?
- Bringst du diese in deinem morgigen Zeitplan unter? Oder haben sie bis übermorgen Zeit?

Notiere dir offene Arbeitsaufgaben auf Papier oder alternativ kannst du auch einfach die letzte Mail in Form einer To-do-Liste an dich selbst schreiben. So musst du nach der Arbeit nicht mehr daran denken und weißt morgen genau, wo du aufgehört hast.

Wann möchte ich "Morgen ist auch noch ein Tag" durchführen?

Was gefällt mir besonders an "Morgen ist auch noch ein Tag"?

Wie kann ich "Morgen ist auch noch ein Tag" an meinen Alltag anpassen?

3.4   Stressbewältigung durch Aufbau psychologischer Schutzfaktoren

Um den Anforderungen aus der Arbeit aktiv zu begegnen und Stress zu bewältigen, ohne das Wohlbefinden zu beeinträchtigen, ist es wichtig, Ressourcen oder psychologische Schutzfaktoren aufzubauen. Die **Theorie der Ressourcenerhaltung** (*„conservation of resources theory"* im englischen Original; Hobfoll, 1989) besagt, dass manche Ressourcen helfen, sich im Vorfeld vor Stress zu schützen und ihn erst gar nicht (so intensiv) zu erleben, während andere psychologische Ressourcen dabei helfen, sich schnell von Stress zu erholen. Ressourcen, die vor dem Erleben von Stress schützen bzw. diesen vermindern, sind sogenannte Selbstwirksamkeitsüberzeugungen, Optimismus und Gelassenheit. Sind diese Aspekte stark ausgeprägt, dann sind die Beschäftigten beispielsweise von den eigenen Fähigkeiten überzeugt und begegnen den stressigen Situationen bei der Arbeit mit einer „dickeren Haut". Wird allerdings bereits ein hohes Ausmaß von Stress erlebt, dann ist es unerlässlich, Erholungsphasen aktiv zu schaffen und zu nutzen (Clauß et al., 2016). Hier ist es dann wichtig, Ressourcen aufzubauen, die helfen, den Stress abzubauen.

Entspannung findet statt, wenn die Beschäftigten körperlich und mental in einem ruhigen Zustand verweilen und zufrieden sind (Sonnentag & Fritz, 2007). Dementsprechend ist es wichtig, dass sich Beschäftigte als Ausgleich zum Arbeitsstress hin und wieder von körperlicher und intellektueller Anstrengung sowie von sozialen Anforderungen abschirmen und Entspannung zulassen. Diese kann aus einer Vielzahl von Aktivitäten resultieren. Das betrifft gezielte Entspannungsübungen wie z. B. progressive Muskelentspannung (Dolbier & Rush, 2012) und achtsamkeitsbasierte Stressreduktion (Murnieks et al., 2020), aber auch Schlaf (Murnieks et al., 2020) sowie körperliche Aktivitäten wie Spazierengehen (Hartig et al., 2003). Auch anstrengendere körperliche Aktivitäten sowie Sport begünstigen Entspannung. Durch die körperliche Anstrengung ist die sportliche Aktivität selbst nicht entspannend, jedoch danach ist es leichter zu entspannen, weil Sport den Stresshormonspiegel (Cortisol) im Körper senkt (Heaney et al., 2014) und wir dadurch schneller zu Ruhe zu finden.

3.4.1   Aufbau von Ressourcen zum Umgang mit Stresssituationen

Wenn eine Person in der Arbeit etwa plötzlich mit einer kurzfristigen Deadline, einem unvorhergesehenen technischen Problem oder mit einem schwierigen Kunden konfrontiert wird, dann würde diese Situation bei vielen Beschäftigten Stress auslösen. Ist man jedoch von der eigenen Wirksamkeit im Umgang mit diesen Herausforderungen überzeugt und besitzt eine optimistische Lebenseinstellung, dann stresst so eine Arbeitssituation weniger oder möglicherweise sogar überhaupt nicht. Basierend auf der gedanklichen Auseinandersetzung mit dem Selbst und der Reflexion bisheriger Lernerfahrungen sollen Fähigkeiten und Kompetenzen aufgebaut werden (Hobfoll, 1989) wie beispielsweise Selbstwirksamkeitsüberzeugungen, Optimismus und Vitalität.

Wenn Menschen davon überzeugt sind, dass sie ein Problem lösen können, sind sie eher bereit, dies auch zu tun. Diese Wahrnehmung der eigenen Handlungskontrolle und Handlungsfähigkeit wird **Selbstwirksamkeitsüberzeugung** genannt (Bandura, 1977). Wer glaubt, etwas bewirken zu können, kann einen aktiven und selbstbestimmten Lebensweg einschlagen. Selbstwirksamkeitsüberzeugungen beeinflussen, wie Menschen fühlen, denken und handeln, und kann auch als eine selbstbewusste Betrachtung der eigenen Fähigkeit bzw. Kompetenz gesehen werden, mit bestimmten Lebensstressoren umzugehen (Bandura, 1977; Schwarzer et al., 1997). Dementsprechend wird eine von ihrer Selbstwirksamkeit überzeugte Person eher gelassener auf eine schwierige Situation reagieren, da sie grundsätzlich davon ausgeht, auch schwierige Situationen meistern zu können. Umgekehrt erleben Menschen mit Selbstzweifel tendenziell stärkeren Stress und neigen eher zu Depressionen (Maddux & Meier, 1995).

Die Wirkung von Selbstwirksamkeitsüberzeugungen auf das Erleben von Stress ist ähnlich wie die Wirkung von Optimismus auf das Erleben von Stress. Beide mildern das Stresserleben durch eine gesteigerte Gelassenheit der Beschäftigten in diesen Situationen. Der Unterschied ist jedoch, dass die Überzeugung der eigenen Wirksamkeit auf konkreten Erfahrungen der eigenen Leistungen beruht, während eine allgemeine optimistische Lebenseinstellung (Schwarzer et al., 1997) generell und unabhängig vom Kontext ist (Scheier & Carver, 1985).

Optimismus ist die Erwartungshaltung eines Menschen, dass ihm primär mehr gute als schlechte Erlebnisse im Leben widerfahren (Scheier & Carver, 1985). Eine andere Definition besagt, dass Optimismus erklärt, wie sich eine Person die Ursachen sowohl positiver als auch negativer Ereignisse in ihrem Leben erklärt (Buchanan & Seligman, 1995): Optimistische Personen führen die Ursachen schlechter Ereignisse auf spezifische, instabile Ursachen, die sich jederzeit ändern können, zurück (z. B. die Laune des Vorgesetzten) und die Ursachen guter Ereignisse auf globale, nicht änderbare Ursachen (z. B. die Natur). Diejenigen, die die Ursachen für schlechte Ereignisse auf globale Ursachen und die Ursachen für gute Ereignisse auf spezifische, instabile Ursachen zurückführen, sind pessimistisch. Eine optimistische Lebenseinstellung puffert Stresserleben ab (Scheier & Carver, 1985). Menschen, die grundsätzlich davon ausgehen, dass alles gut wird bzw. gut gehen wird, egal in welcher Situation sie sich befinden, nehmen weniger Stressoren (bei der Arbeit) wahr. Personen mit einer optimistischen Lebenseinstellung fühlen sich weniger gestresst und müssen sich dadurch weniger von ihren Arbeitstagen erholen.

Ein dritter Faktor, der Beschäftigte vor Stresserleben schützen kann, ist **Vitalität**. Vitale Beschäftigte fühlen sich positiv aktiviert, was sich in Tatkraft und Energie, aber auch in Freude am eigenen Leben und an den beruflichen Tätigkeiten äußert (Schaufeli et al., 2019). Vitalität begünstigt die Mobilisierung psychologischer Energien und Kanalisierung dieser in körperliche und geistige Arbeit. Vitalität kann auch als ein Gegenpol zum stressbedingten Burnout verstanden werden (Schaufeli et al., 2002) – dementsprechend wird eine positiv aktivierte, vitale Person auch weniger gestresst auf eine vorverschobene Deadline, ein unvorhergesehenes technisches Problem oder einen schwierigen Kunden reagieren.

Darüber hinaus bieten Lern- und Entwicklungsmöglichkeiten außerhalb der Arbeit ebenfalls die Chance, neue Ressourcen aufzubauen. Sind diese vorhanden, dann ist eine höhere emotionale Stabilität und ein geringeres Bedürfnis nach Erholung wahrscheinlich (Sonnentag & Fritz, 2007). Typische Beispiele von Tätigkeiten, bei denen Lernen und Entwicklung stattfindet, sind die Ausübung eines Hobbys, der Besuch eines Sprachkurses oder die Reise in ein fremdes Land. Um diese Tätigkeiten durchzuführen, müssen einerseits Ressourcen (z. B. Geld, Zeit und Energie) investiert werden, andererseits entwickeln die betroffenen Personen dabei auch neue interne Ressourcen (Sonnentag & Fritz, 2007) wie etwa Selbstorganisationsfähigkeiten, Selbstwirksamkeitsüberzeugungen sowie Optimismus. Da weder ein aufwendiger Sprachkurs noch eine Reise im Rahmen dieses Buches durchgeführt werden können, zielen die folgenden Übungen auf die Stärkung von Selbstwirksamkeitsüberzeugung, Optimismus und Vitalität ab:

- Selbstwirksamkeitsüberzeugung (Videoübung 7 „Stärkenfokus"),
- Optimismus (Videoübung 8 „Guter Start in den Tag!") und
- Vitalität (Übung 9 „Trinkpause").

3.4.1.1 Videoübung 7 „Stärkenfokus"

Ziel: Stärken identifizieren und nutzen.

Diese Übung sollte eher abends (bzw. bei Arbeitsende) durchgeführt werden und kann pro Durchführung auch mehr als fünf Minuten dauern.

Die Wahrnehmung der eigenen Kompetenz entsteht meist durch Erfolgserlebnisse (Schwarzer et al., 1997). Demnach sind die Übungen in der App swoliba, welche die Selbstwirksamkeitsüberzeugung der Beschäftigten steigern sollen, so konzipiert, dass sie den Beschäftigten ihre Stärken sowie ihre beruflichen und privaten Erfolge vor Augen führen. Die Auseinandersetzung mit den eigenen Stärken und Erfolgen verursacht Glücksgefühle und verringert depressive Symptome (Proyer et al., 2015). Einige Stärken stehen dabei in besonders starkem Zusammenhang mit Lebenszufriedenheit und positiven persönlichen Eigenschaften wie Optimismus, Begeisterungsfähigkeit, Dankbarkeit, Neugier und Bindungsfähigkeit (Park et al., 2020). Jedoch am wichtigsten für Erholung ist, dass eine selbstbewusste Betrachtung der eigenen Fähigkeiten eine große Unterstützung im Umgang mit bestimmten Lebensstressoren ist (Bandura, 1977; Schwarzer et al., 1997). Es ist zu erwarten, dass Beschäftigte, die von ihrer Selbstwirksamkeit überzeugt sind, eher gelassener auf Arbeitsstressoren reagieren, da ihnen ihre Erfahrungen aus der Vergangenheit gezeigt haben, dass sie auch besonders schwierige Aufgaben bestehen und sich an neue Situationen schnell anpassen können.

Was ist zu tun?

Was sind deine Stärken? Fragt man Menschen nach ihren Stärken, bekommen wir meistens eher zögerliche Antworten. Über unsere Misserfolge könnten wir oft mehr erzählen. Das kannst du mit dieser Übung ändern! Blick auf deinen Tag zurück und werde dir deiner Stärken bewusst, die du heute erfolgreich einsetzen konntest:

- Werde dir deiner Stärken bewusst. Wenn du möchtest, findest du hier einen fundierten kostenfreien Fragebogen, mit dem du deine Stärken identifizieren kannst: https://www.viacharacter.org/Survey//Account/Register (Anmeldung erforderlich).
- Lass den Tag Revue passieren und identifiziere Situationen, in denen du heute deine Stärken einsetzen konntest.

Stell dir dabei folgende Fragen:

- *Welche kleinen oder großen Dinge sind dir heute gelungen?*
- *Welche davon in der Arbeit?*
- *Welche Stärken kannst du für dich daraus ableiten?*
- *Welche schönen Momente hast du heute erfahren?*
- *Welche Stärke konntest du darin leben?*

Wann möchte ich "Stärkenfokus" durchführen?

Was gefällt mir besonders an "Stärkenfokus"?

Wie Kann ich "Stärkenfokus" an meinen Alltag anpassen?

3.4.1.2 Videoübung 8 „Guter Start in den Tag"

Ziel: Positiv gestimmt in den Tag.

Diese Übung sollte eher morgens (bzw. bei Arbeitsbeginn) durchgeführt werden und pro Durchführung nicht mehr als etwa eine Minute dauern.

Die optimistische Einstellung eines Menschen kann von Zeit zu Zeit variieren (Kluemper et al., 2009), aber auch trainiert werden (Luthans et al., 2006). Die tägliche Reflexion positiver Erlebnisse (bei der Arbeit) fördert die optimistische Lebenseinstellung der Beschäftigten. Die Wieder-vor-Augen-Führung positiver Erlebnisse (z. B. die freundliche Unterstützung durch einen Kollegen oder das Lob einer Kundin) lenkt den Fokus der Beschäftigten auf eine positive Vergangenheit und in Folge werden auch ihre Zukunftsaussichten positiver (Seligman et al., 2005). Dies verringert nicht nur Stressbelastungen (Bono et al., 2013), sondern geht zudem mit einer positiven Grundstimmung einher und steigert das allgemeine Wohlbefinden (Langston, 1994).

Was ist zu tun?
In unserer schnelllebigen Zeit sind wir manchmal so mit unseren Aktivitäten und Erledigungen beschäftigt, dass wir die kleinen positiven Dinge, die wir im (Arbeits-)Alltag erfahren, ganz übersehen. Dabei geben uns doch gerade die positiven Aspekte neue Energie für den Tag. Gib dir darum eine Minute und blick nochmal auf den gestrigen Tag zurück:

- *Welches Ereignis hat dich gestern (z. B. in der Arbeit) besonders gefreut?*
- *Konntest du gestern jemandem eine Freude bereiten?*
- *Worauf freust du dich heute?*

Mach die Übung gerne täglich, um von den positiven Aspekten des Vortages zu profitieren und deine Energiereserven aufzuladen!

Wann möchte ich " Guter Start in den Tag" durchführen ?

Was gefällt mir besonders an "Guter Start in den Tag" ?

Wie kann ich " Guter Start in den Tag" an meinen
Alltag anpassen ?

3.4.1.3 Übung 9 „Trinkpause"

Ziel: Trinken nicht vergessen.

Diese Übung kann generell immer durchgeführt werden und dauert pro Durchführung nicht mehr als eine Minute.

Beschäftigte können nur dann vital in ihrer Arbeit aufgehen, wenn sie dazu in der Lage sind, sich aufmerksam und ausdauernd ihrer Tätigkeit zu widmen (Schaufeli et al., 2019). Demnach kann die körperliche Ermüdung aufgrund eines Flüssigkeitsmangels der Vitalität entgegenstehen. Dies ist ungünstig, denn Vitalität ist eine Ressource, die Beschäftigte vor Stressbelastungen schützt (Schaufeli et al., 2002).

Ausreichende Flüssigkeitszufuhr ist essenziell für die Funktionstüchtigkeit des Gehirns (Verkman et al., 2006). Der durchschnittliche Erwachsene sollte täglich mindestens 2 ¼ Liter Wasser zu sich nehmen, was in etwa 10 Gläsern entspricht. Im Durchschnitt trinken wir jedoch weniger als 5 Gläser pro Tag. Unzureichende Wasseraufnahme (Dehydrierung) kann weitreichende Folgen nach sich ziehen: Schläfrigkeit, Kopfschmerzen bis hin zum Kollabieren. Wenn der Flüssigkeitsverlust etwa 5 % erreicht, wird eine Person schläfrig und entwickelt Kopfschmerzen. Bei einem Flüssigkeitsverlust von etwa 7 % kollabiert eine Person und ein Verlust von etwa 10 % kann letale Folgen nach sich ziehen (Burlingame, 2006).

Was ist zu tun?
Heute schon genug getrunken? Viele von uns vergessen häufig, genug zu trinken. Schenke dir darum ein Glas Wasser ein und nimm einen großen Schluck.

Tipp 1 Stell dir am besten immer eine Flasche mit kühlem Wasser in Sichtweite. So erinnerst du dich daran, dass du ab und zu daraus trinkst.

Tipp 2 Wenn es dir schwerfällt, Wasser zu trinken, oder du einfach ein wenig Abwechslung willst, kannst du auch ein paar Zitronen oder Orangenscheiben beifügen. Auch Gurken oder Kräuter wie Minze, Zitronenmelisse, Rosmarin oder Basilikum eignen sich hervorragend!

Wann möchte ich eine "Trinkpause" durchführen?

Was gefällt mir besonders an der "Trinkpause"?

Wie kann ich die "Trinkpause" an meinen Alltag anpassen?

3.4.2 Aufbau von Ressourcen zur Entspannung nach erlebtem Stress

In diesem Teil geht es darum, wie die Genesung nach Stressperioden und damit die Wiederherstellung der Funktionstüchtigkeit des Organismus nach einer Stressbelastung (Sonnentag & Fritz, 2007) unterstützt werden kann. Der geistigen Entspannung kommt hierbei eine besondere Rolle zu, da die mit ihr verbundenen positiven Emotionen die durch Stressoren verursachten negativen Emotionen aufheben können (Fredrickson et al., 2000). Beispiele für positive Emotionen sind sich ruhig, entspannt und zufrieden zu fühlen, während negative Emotionen beispielsweise ein Gefühl der Anspannung oder Nervosität umfassen. Eine Vielzahl an Studien belegen die Wirkung von Entspannung auf die kurz- und langfristige Verringerung stressbedingter gesundheitlicher Beschwerden (van der Klink et al., 2001). Entspannung ist jedoch auch eine hilfreiche Co-Therapieform bei anderen gesundheitlichen Beschwerden wie Migräne (Kropp et al., 2017). Umgekehrt kommt es bei fehlender Entspannung bzw. mangelhafter Erholung dazu, dass der Stress zu lange auf den Organismus einwirkt und chronische Gesundheitsschäden (Geurts & Sonnentag, 2006) wie beispielsweise Herz-Kreislauf-Erkrankung oder Schmerzen der unteren und oberen Gliedmaßen hervorrufen kann (Kubicek et al., 2019). Entspannung ist jedoch nicht nur wichtig für den Erhalt der körperlichen Gesundheit, sondern auch für das psychische Wohlbefinden wesentlich (Sonnentag & Fritz, 2007). Beispielsweise berichten Personen, die in der Arbeit häufig Zeitdruck ausgesetzt sind, über mehr Erschöpfung. Sie haben dadurch auch eine höhere Wahrscheinlichkeit, an Burnout zu erkranken (Demerouti et al., 2004). Sich am Abend nach der Arbeit erholen zu können, wirkt sich übrigens auch positiv auf das Erleben des folgenden Tages aus: Die Beschäftigten fühlen sich positiv aktiviert und verhalten sich proaktiv am nächsten Arbeitstag (Sonnentag, 2003).

Obwohl gerade beim Vorhandensein von Arbeitsstressoren die Erholung besonders wichtig wäre, ist es oft so, dass die Erholungsprozesse gerade dann beeinträchtigt sind. Dieses Phänomen bezeichnet man als **Erholungsparadoxon** (Sonnentag, 2018). Daher müssen Beschäftigte hier aktiv gegensteuern und nach einem stressigen Arbeitstag (im Homeoffice) die eigene Entspannung aktiv forcieren – auch wenn man eigentlich für Entspannung zu müde ist. Um für den Ernstfall gewappnet zu sein, ist es wichtig, Entspannungskompetenzen aufzubauen, damit im Bedarfsfall schnell und erfolgreich darauf zurückgegriffen werden kann.

Die folgenden Übungen zielen darauf ab, die Entspannung der Beschäftigten zu stärken, damit sich diese schneller und effektiver von Arbeitsstress erholen können. Beschäftigte sollen mithilfe der Übungen Entspannungskompetenzen aufbauen, die ihnen helfen, sich nach getaner Arbeit bzw. Anstrengung schneller zu entspannen. Gleichzeitig sollen sie dadurch motiviert werden, Entspannungsübungen in ihren Alltag zu integrieren. Konkret geht es bei den vier Übungen darum, …

- die in Entspannung investierte Zeit zu erhöhen (Übung 10 „Zeit für mich"),
- Entspannungsübungen zu erlernen (Übung 11 „Körper und Geist"),
- körperliche Aktivitäten zu initiieren (Übung 12 „Der Weg ist das Ziel") und
- die Schlafqualität zu verbessern (Audioübung 13 „Abendrhythmus").

3.4.2.1 Übung 10 „Zeit für mich"

Ziel: Erholsame Aktivitäten einplanen.

Diese Übung zielt darauf ab, dass du im Laufe einer Arbeitswoche mehr Zeit in deine Entspannung investierst, um dich so gut wie möglich von den stressbedingten psychischen Belastungen erholen zu können.

Entspannung passiert nur in Zeiten, in denen sich die Beschäftigten weder körperlich noch intellektuell anstrengen und auch sonst keinerlei (etwa sozialen) Verpflichtungen nachgehen müssen (Sonnentag & Fritz, 2007). Doch diese Zeiten zu finden, ist oftmals gar nicht so leicht. Deshalb sollten diese – genauso wie die Erledigung von Verpflichtungen – vorab geplant werden, damit sie nicht im Alltagstrubel untergehen.

Was ist zu tun?
Erstelle dir eine Erinnerung, mit der du dafür sorgst, deine eigenen Bedürfnisse nicht außer Acht zu lassen. Setze einen Zeitraum fest, der nur dir gehört und in dem du dich weder von deinem Smartphone noch von alltäglichen Verpflichtungen stören lässt!

Diese Übung kann generell immer durchgeführt werden und sollte pro Durchführung gerne auch mehr als fünf Minuten dauern.

Tipp Trage dir für jede Woche mindestens einen Termin mit dir selbst in deinen Kalender ein. Dieser Termin ist genauso wichtig wie deine anderen Termine und er will genauso ungern verschoben werden.

Wann möchte ich "Zeit für mich" durchführen?

Was gefällt mir besonders an "Zeit für mich"?

Wie kann ich "Zeit für mich" an meinen Alltag anpassen?

3.4.2.2 Übung 11 „Körper und Geist"

Ziel: Aktivierung für den Tag.

Diese Übung sollte eher morgens (bzw. bei Arbeitsbeginn) durchgeführt werden und pro Durchführung nicht mehr als etwa eine Minute dauern.

In der Psychologie wird die Wechselwirkung zwischen Körper und Psyche (Geist) betont. Das heißt einerseits, dass Gedanken und Gefühle den Körper beeinflussen. Andererseits beeinflusst ein Körper, der mit seiner Umwelt interagiert, die Gedanken und Gefühle von Menschen (Meier et al., 2012). So wirken sich etwa körperliche Bewegungen, die zur Entspannung des Körpers beitragen, positiv auf die Stimmung und somit auf die Gefühle aus (Niedenthal et al., 2009). Diese Übung macht sich diese Wechselwirkung zunutze und möchte durch Bewegung des Körpers gezielt das Gefühl der Ruhe und Entspannung bewirken.

Was ist zu tun?

Hast du schon einmal beobachtet, wie sich dein Körper anfühlt, wenn du gestresst bist? Vielleicht fühlt sich dein Nacken verspannt an oder deine Wirbelsäule krümmt sich? Und wenn du fröhlich bist? Dann fühlen sich Kopf und Schultern schwerelos an und das Atmen fällt dir leichter?

Unser Körper und unser Geist sind miteinander verbunden und beeinflussen sich gegenseitig. Nutze diese Verbindung, um mit kleinen Bewegungen deines Körpers auch deinen Geist zu aktivieren:

1) Blicke hinauf und hebe dein Kinn etwas an! Lass auch deine Wirbelsäule ganz lang werden.
2) Nun nimm die Arme dazu: Streck deine Arme hinauf, mal abwechselnd, mal beide gleichzeitig.
3) Strecke beide Arme hinter den Kopf und strecke nun auch deinen Brustkorb hinauf.
4) Gehe bewusst ins Hohlkreuz, öffne dich nun ganz und streck dich zur Decke.
5) Nimm dann deine Arme wieder nach unten, lass sie locker baumeln und schenke dir noch 3 tiefe bewusste Atemzüge.

Wann möchte ich "Körper und Geist" durchführen?

Was gefällt mir besonders an "Körper und Geist"?

Wie kann ich "Körper und Geist" an meinen Alltag anpassen?

3.4.2.3 Übung 12 „Der Weg ist das Ziel"

Ziel: Erholt durch Bewegung.

Diese Übung soll dir helfen, dich durch (nicht anstrengende) körperliche Aktivitäten im Freien zu entspannen, um Stress abzubauen.

Bewegung fördert den Abbau von Stresshormonen im Körper (Heaney et al., 2014), was es in Folge erleichtert, sich zu entspannen. Dementsprechend verringert Spazierengehen negative Emotionen, z. B. sich weniger angespannt, gestresst und nervös zu fühlen (Johansson et al., 2011). Zum anderen wirken Aktivitäten im Freien, speziell im Grünen, positiv auf die Stimmung (Carrus et al., 2015). Städtische Beschäftigte müssen deshalb jedoch nicht unbedingt die Stadt verlassen, um in einen Wald zu fahren, denn die positiven und beruhigenden Auswirkungen eines Spaziergangs zeigen sich auch, wenn man beispielsweise in städtischen Parkanlagen geht (Carrus et al., 2015).

Was ist zu tun?
Plane dir regelmäßige Spaziergänge ein. Ob alleine oder lieber in Begleitung, bleibt dabei ganz dir überlassen. Denn Gehen ist ein richtiger „Wunderwuzzi": Es baut Stress ab und hellt deine Stimmung auf, stärkt deinen Rücken und reduziert nebenbei auch noch das Risiko von Krebs, Osteoporose und Herz-Kreislauf-Krankheiten. Wichtig ist dabei, dass du im Freien gehst! Natürliches Licht gibt dem Körper notwendiges Vitamin D und das Glückshormon Serotonin für unser emotionales Wohlbefinden, also unsere gute Stimmung.

Diese Übung sollte eher morgens (bzw. bei Arbeitsbeginn) durchgeführt werden und kann auch nur wenige Minuten dauern.

Tipp Fast jedes Smartphone kann mittlerweile deine Schritte zählen (falls nicht, dann verwende eine Schrittzähler-App). Versuche dabei mindestens 6000 Schritte pro Tag zu erreichen und dich nach einiger Zeit auch zu steigern.

3.4.2.4 Audioübung 13 „Abendrhythmen"

Ziel: Zur Ruhe kommen.

Das Ziel dieser Übung ist es, deine Schlafqualität zu verbessern.

Diese Übung sollte eher abends (bzw. bei Arbeitsende) durchgeführt werden soll und pro Durchführung (eher mehr als) fünf Minuten dauern.

Schlafqualität bedeutet in diesem Sinne, dass Beschäftigte leicht einschlafen, durchschlafen sowie lange genug schlafen können und – vor allem – sich nach dem Schlaf erholt fühlen (Van Laethem et al., 2013). Die Schlafqualität ist ein wichtiger Indikator für das Wohlbefinden und spielt eine wichtige Rolle im Erholungsprozess nach der Arbeit (Rook & Zijlstra, 2006). Konkret hat die Forschung gezeigt, dass schlechte Schlafqualität den Zusammenhang zwischen chronischem Stress und Depression vermittelt (da Estrela et al., 2021). Das bedeutet, dass chronischer Stress, von dem sich Beschäftigte nicht (schnell genug) erholen können, sich zuerst negativ auf deren Schlafqualität auswirkt, und diese schlechte Schlafqualität wiederum begünstigt es, dass die Beschäftigten Symptome einer Depression entwickeln. Zu diesen Symptomen zählen etwa eine andauernde schlechte Stimmung, Schuldgefühle und Wertlosigkeit, Gefühle der Hilflosigkeit und Hoffnungslosigkeit sowie Appetitlosigkeit (Radloff, 1977).

Das Hören von Musik sowie musikunterstützte Entspannungstechniken verringerten die stressbedingte Erregung von Körper und Geist deutlich (Pelletier, 2004), was sich unter anderem in einer geringeren Herzfrequenz äußert (Hellström & Willman, 2011). Das Hören von ruhiger Musik vor dem Schlafen erleichtert demnach das Einschlafen und verbessert die wahrgenommene Schlafqualität (Hellström & Willman, 2011).

Was ist zu tun?

Entspannende Klänge bringen dich zur Ruhe und können dir beim Einschlafen helfen. Hör darum am Abend vor dem Schlafengehen eine für dich angenehme, entspannende Musik. Bei diesem Audio haben wir einen Vorschlag für dich herausgesucht, du kannst aber natürlich auch etwas aus deiner eigenen Playlist wählen.

Wann möchte ich "Abendrhythmen" durchführen ?

Was gefällt mir besonders an "Abendrhythmen" ?

Wie kann ich "Abendrhythmen" an meinen Alltag anpassen ?

Literatur

Achtziger, A., & Gollwitzer, P. M. (2006). Motivation und Volition im Handlungsverlauf. In J. Heckhausen & H. Heckhausen (Hrsg.), *Motivation und Handeln* (S. 277–302). Springer. https://doi.org/10.1007/3-540-29975-0_11

Althammer, S. E., Reis, D., Beek, S., Beck, L., & Michel, A. (2021). A mindfulness intervention promoting work – life balance: How segmentation preference affects changes in detachment, well-being, and work – life balance. *Journal of Occupational and Organizational Psychology, 94*, 282–308. https://doi.org/10.1111/joop.12346

Ashforth, B. E., Kreiner, G. E., & Fugate, M. (2000). All in a day's work: Boundaries and micro role transitions. *Academy of Management Review, 25*, 472–491. https://doi.org/10.5465/amr.2000.3363315

Bandura, A. (1977). *Social learning theory*. Prentice-Hall.

Bandura, A. (1990). Perceived self-efficacy in the exercise of personal agency. *Journal of Applied Social Psychology, 2*(2), 128–163. https://doi.org/10.1080/10413209008406426

Bandura, A. (1997). Self-efficacy and health behaviour. In A. Baum, S. Newman, J. Wienman, R. West, & C. McManus (Hrsg.), *Cambridge handbook of psychology, health and medicine* (S. 160–162). Cambridge University Press.

Bono, J. E., Glomb, T. M., Shen, W., Kim, E., & Koch, A. J. (2013). Building Positive Resources: Effects of Positive Events and Positive Reflection on Work Stress and Health. *Academy of Management Journal, 56*(6), 1601–1627. https://doi.org/10.5465/amj.2011.0272

Brinkmann, R. D. (2014). *Angewandte Gesundheitspsychologie*. Pearson.

Brosschot, J. F., Pieper, S., & Thayer, J. F. (2005). Expanding stress theory: Prolonged activation and perseverative cognition. *Psychoneuroendocrinology, 30*(10), 1043–1049. https://doi.org/10.1016/j.psyneuen.2005.04.008

Brown, M. (2008). Comfort zone: Model or metaphor? *Journal of Outdoor and Environmental Education, 12*(1), 3–12. https://doi.org/10.1007/bf03401019

Buchanan, G. M., & Seligman, M. E. P. (Hrsg.). (1995). *Explanatory style*. Lawrence Erlbaum Associates, Inc.

Burkert, S., & Sniehotta, F. F. (2009). Selbstregulation des Gesundheitsverhaltens. In J. Bengel & M. Jerusalem (Hrsg.), *Handbuch der Gesundheitspsychologie und Medizinischen Psychologie* (S. 98–105). Hogrefe.

Burlingame, G. (2006). How much water should we drink? *Opflow, 32*, 8–9. https://doi.org/10.1002/j.1551-8701.2006.tb01845.x

Carrus, G., Scopelliti, M., Lafortezza, R., Colangelo, G., Ferrini, F., Salbitano, F., Agrimi, M., Portoghesi, L., Semenzato, P., & Sanesi, G. (2015). Go greener, feel better? The positive effects of biodiversity on the well-being of individuals visiting urban and peri-urban green areas. *Landscape and Urban Planning, 134*, 221–228. https://doi.org/10.1016/j.landurbplan.2014.10.022

Clauß, E., Hoppe, A., Schachler, V., & Dettmers, J. (2016). Erholungskompetenz bei Berufstätigen mit hoher Autonomie und Flexibilität. *PERSONALquarterly, 2*, 22–27.

da Estrela, C., McGrath, J., Booij, L., & Gouin, J.-P. (2021). Heart rate variability, sleep quality, and depression in the context of chronic stress. *Annals of Behavioral Medicine, 55*, 155–164. https://doi.org/10.1093/abm/kaaa039

Deci, E. L., Olafsen, A. H., & Ryan, R. M. (2017). Self-determination theory in work organizations: The state of a science. *Annual Review of Organizational Psychology and Organizational Behavior, 4*(1), 19–43. https://doi.org/10.1146/annurev-orgpsych-032516-113108

Demerouti, E., Bakker, A. B., & Bulters, A. J. (2004). The loss spiral of work pressure, work – home interference and exhaustion: Reciprocal relations in a three-wave study. *Journal of Vocational Behavior, 64*, 131–149. https://doi.org/10.1016/S0001-8791(03)00030-7

Dolbier, C. L., & Rush, T. E. (2012). Efficacy of abbreviated progressive muscle relaxation in a high-stress college sample. *International Journal of Stress Management, 19*, 48–68. https://doi.org/10.1037/a0027326

Ehn, B., & Löfgren, O. (2020). Routines – Made and unmade. *Time, Consumption and Everyday Life*, 99–112. https://doi.org/10.4324/9781003087236-9

Fredrickson, B. L., Mancuso, R. A., Branigan, C., & Tugade, M. M. (2000). The undoing effect of positive emotions. *Motivation and Emotion, 24*, 237–258. https://doi.org/10.1023/A:1010796329158

Fritz, C., & Sonnentag, S. (2006). Recovery, well-being, and performance-related outcomes: The role of workload and vacation experiences. *Journal of Applied Psychology, 91*(4), 936–945. https://doi.org/10.1037/0021-9010.91.4.936

Geurts, S. A. E., & Sonnentag, S. (2006). Recovery as an explanatory mechanism in the relation between acute stress reactions and chronic health impairment. *Scandinavian Journal of Work, Environment & Health, 32*, 482–492. https://doi.org/10.5271/sjweh.1053

Gollwitzer, P. M. (1993). Goal achievement: The role of intentions. *European Review of Social Psychology, 4*(1), 141–185. https://doi.org/10.1080/14792779343000059

Hahn, V. C., Binnewies, C., Sonnentag, S., & Mojza, E. J. (2011). Learning how to recover from job stress: Effects of a recovery training program on recovery, recovery-related self-efficacy, and well-being. *Journal of Occupational Health Psychology, 16*, 202–216. https://doi.org/10.1037/a0022169

Hartig, T., Evans, G. W., Jamner, L. D., Davis, D. S., & Gärling, T. (2003). Tracking restoration in natural and urban field settings. *Journal of Environmental Psychology, 23*, 109–123. https://doi.org/10.1016/S0272-4944(02)00109-3

Heaney, J. L. J., Carroll, D., & Phillips, A. C. (2014). Physical activity, life events stress, cortisol, and DHEA: Preliminary findings that physical activity may buffer against the negative effects of stress. *Journal of Aging and Physical Activity, 22*, 465–473. https://doi.org/10.1123/JAPA.2012-0082

Hellström, A., & Willman, A. (2011). Promoting sleep by nursing interventions in health care settings: A systematic review. *Worldviews on Evidence-Based Nursing, 8*, 128–142. https://doi.org/10.1111/j.1741-6787.2010.00203.x

Hobfoll, S. E. (1989). Conservation of resources: A new attempt at conceptualizing stress. *The American Psychologist, 44*(3), 513–524. https://doi.org/10.1037/0003-066X.44.3.513

Johansson, M., Hartig, T., & Staats, H. (2011). Psychological benefits of walking: Moderation by company and outdoor environment. *Applied Psychology: Health and Well-Being, 3*, 261–280. https://doi.org/10.1111/j.1758-0854.2011.01051.x

Kluemper, D. H., Little, L. M., & DeGroot, T. (2009). State or trait: effects of state optimism on job-related outcomes. https://doi.org/10.1002/job.591

Kossek, E. E., Lautsch, B. A., & Eaton, S. C. (2006). Telecommuting, control, and boundary management: Correlates of policy use and practice, job control, and work – family effectiveness. *Journal of Vocational Behavior, 68*, 347–367. https://doi.org/10.1016/j.jvb.2005.07.002

Kropp, P., Meyer, B., Dresler, T., Fritsche, G., Gaul, C., Niederberger, U., Förderreuther, S., Malzacher, V., Jürgens, T. P., Marziniak, M., & Straube, A. (2017). Entspannungsverfahren und verhaltenstherapeutische Interventionen zur Behandlung der Migräne: Leitlinie der Deutschen Migräne- und Kopfschmerzgesellschaft. *Der Schmerz, 31*, 433–447. https://doi.org/10.1007/s00482-017-0214-1

Kubicek, B., Paškvan, M., Prem, R., Schöllbauer, J., Till, M., Cabrita, J., Parent-Thirion, A., & Wilkens, M. (2019). Working conditions and workers' health. *Publications Office of the European Union*. https://www.eurofound.europa.eu/publications/report/2019/working-conditions-and-workers-health. Zugegriffen am 15.03.2023.

Lally, P., van Jaarsveld, C. H. M., Potts, H. W. W., & Wardle, J. (2010). How are habits formed: Modelling habit formation in the real world. *European Journal of Social Psychology, 40*(6), 998–1009. https://doi.org/10.1002/ejsp.674

Langston, C. A. (1994). Capitalizing on and coping with daily-life events: Expressive responses to positive events. *Journal of Personality and Social Psychology, 67*(6), 1112–1125. https://doi.org/10.1037/0022-3514.67.6.1112

Lazarus, R. S. (1966). *Psychological stress and the coping process.* McGraw Hill.

Lazarus, R. S., & Folkman, S. (1984). *Stress, appraisal, and coping.* Springer.

Luthans, F., Avey, J. B., Avolio, B. J., Norman, S. M., & Combs, G. M. (2006). Psychological capital development: toward a micro-intervention. https://doi.org/10.1002/job.373

Maddux, J. E., & Meier, L. J. (1995). Self-efficacy and depression. In J. E. Maddux (Hrsg.), *Self-efficacy, adaptation, and adjustment* (S. 143–169). Springer US. https://doi.org/10.1007/978-1-4419-6868-5_5

Martin, L. L., & Tesser, A. (1996). Some ruminative thoughts. In R. S. Wyer (Hrsg.), *Ruminative thoughts* (S. 1–46). Lawrence Erlbaum.

Meier, B. P., Schnall, S., Schwarz, N., & Bargh, J. A. (2012). Embodiment in social psychology. *Topics in Cognitive Science, 4*, 705–716. https://doi.org/10.1111/j.1756-8765.2012.01212.x

Meijman, T. F., & Mulder, G. (1998). Psychological aspects of workload. In P. J. D. Drenth & H. Thierry (Hrsg.), *Handbook of work and organizational psychology, vol. 2: Work psychology* (S. 5–33). Psychology Press.

Murnieks, C. Y., Arthurs, J. D., Cardon, M. S., Farah, N., Stornelli, J., & Michael Haynie, J. (2020). Close your eyes or open your mind: Effects of sleep and mindfulness exercises on entrepreneurs' exhaustion. *Journal of Business Venturing, 35*, 105918. https://doi.org/10.1016/j.jbusvent.2018.12.004

Niedenthal, P. M., Winkielman, P., Mondillon, L., & Vermeulen, N. (2009). Embodiment of emotion concepts. *Journal of Personality and Social Psychology, 96*, 1120–1136. https://doi.org/10.1037/a0015574

O'Donnell, M. P. (2005). A simple framework to describe what works best: Improving awareness, enhancing motivation, building skills, and providing opportunity. *The Art of Health Promotion*, 1–11.

Ouellette, J. A., & Wood, W. (1998). Habit and intention in everyday life: The multiple processes by which past behavior predicts future behavior. *Psychological Bulletin, 124*(1), 54–74. https://doi.org/10.1037/0033-2909.124.1.54

Park, Y., Liu, Y., & Headrick, L. (2020). When work is wanted after hours: Testing weekly stress of information communication technology demands using boundary theory. *Journal of Organizational Behavior, 41*(6), 519–534.

Parkinson, B., & Totterdell, P. (1999). Classifying affect-regulation strategies. *Cognition and Emotion, 13*(3), 277–303. https://doi.org/10.1080/026999399379285

Pelletier, C. L. (2004). The effect of music on decreasing arousal due to stress: A meta-analysis. *Journal of Music Therapy, 41*, 192–214. https://doi.org/10.1093/jmt/41.3.192

Proyer, R. T., Gander, F., Wellenzohn, S., & Ruch, W. (2015). Strengths-based positive psychology interventions: A randomized placebo-controlled online trial on long-term effects for a signature strengths- vs. a lesser strengths-intervention. *Frontiers in Psychology, 6*. https://doi.org/10.3389/fpsyg.2015.00456

Radloff, L. S. (1977). The CES-D scale: A self-report depression scale for research in the general population. *Applied Psychological Measurement, 1*, 385–401. https://doi.org/10.1177/014662167700100306

Rook, J. W., & Zijlstra, F. R. H. (2006). The contribution of various types of activities to recovery. *European Journal of Work and Organizational Psychology, 15*, 218–240. https://doi.org/10.1080/13594320500513962

Schaufeli, W. B., Salanova, M., González-romá, V., & Bakker, A. B. (2002). The measurement of engagement and burnout: A two sample confirmatory factor analytic approach. *Journal of Happiness Studies, 3*, 71–92. https://doi.org/10.1023/A:1015630930326

Schaufeli, W. B., Shimazu, A., Hakanen, J., Salanova, M., & De Witte, H. (2019). An ultra-short measure for work engagement: The UWES-3 validation across five countries. *European Journal of Psychological Assessment, 35*, 577–591. https://doi.org/10.1027/1015-5759/a000430

Scheier, M. F., & Carver, C. S. (1985). Optimism, coping, and health: Assessment and implications of generalized outcome expectancies. *Health Psychology, 4*, 219–247. https://doi.org/10.1037/0278-6133.4.3.219

Schwarzer, R., Bäßler, J., Kwiatek, P., Schröder, K., & Zhang, J. X. (1997). The assessment of optimistic self-beliefs: Comparison of the German, Spanish, and Chinese versions of the general self-efficacy scale. *Applied Psychology, 46*, 69–88. https://doi.org/10.1111/j.1464-0597.1997.tb01096.x

Seligman, M. E. P., Steen, T. A., Park, N., & Peterson, C. (2005). Positive Psychology Progress: Empirical Validation of Interventions. *American Psychologist, 60*(5), 410–421. https://doi.org/10.1037/0003-066X.60.5.410

Selye, H. (1956). Stress and psychiatry. *The American Journal of Psychiatry, 113*(5), 423–427. https://doi.org/10.1176/ajp.113.5.423

Sheeran, P. (2002). Intention – Behavior relations: A conceptual and empirical review. *European Review of Social Psychology, 12*(1), 1–36. https://doi.org/10.1080/14792772143000003

Sonnentag, S. (2003). Recovery, work engagement, and proactive behavior: A new look at the interface between nonwork and work. *Journal of Applied Psychology, 88*, 518–528. https://doi.org/10.1037/0021-9010.88.3.518

Sonnentag, S. (2018). The recovery paradox: Portraying the complex interplay between job stressors, lack of recovery, and poor well-being. *Research in Organizational Behavior, 38*, 169–185. https://doi.org/10.1016/j.riob.2018.11.002

Sonnentag, S., & Bayer, U.-V. (2005). Switching off mentally: Predictors and consequences of psychological detachment from work during off-job time. *Journal of Occupational Health Psychology, 10*(4), 393–414. https://doi.org/10.1037/1076-8998.10.4.393

Sonnentag, S., & Fritz, C. (2007). The recovery experience questionnaire: Development and validation of a measure for assessing recuperation and unwinding from work. *Journal of Occupational Health Psychology, 12*, 204–221. https://doi.org/10.1037/1076-8998.12.3.204

Sonnentag, S., & Fritz, C. (2015). Recovery from job stress: The stressor-detachment model as an integrative framework. *Journal of Organizational Behavior, 36*, 72–103. https://doi.org/10.1002/job.1924

Sonnentag, S., & Kühnel, J. (2016). Coming back to work in the morning: Psychological detachment and reattachment as predictors of work engagement. *Journal of Occupational Health Psychology, 21*, 379–390. https://doi.org/10.1037/ocp0000020

Sonnentag, S., Eck, K., Fritz, C., & Kühnel, J. (2019). Morning reattachment to work and work engagement during the day: A look at day-level mediators. *Journal of Management, 46*. https://doi.org/10.1177/0149206319829823

Staudt, K. (2021). Weshalb eine Routine im Homeoffice essenziell ist: Tipps zur Entwicklung von Gewohnheiten. *API Magazin, 2*(1). https://doi.org/10.15460/apimagazin.2021.2.1.58

Stone, A. A., Kennedy-Moore, E., & Neale, J. M. (1995). Association between daily coping and end-of-day mood. *Health Psychology, 14*(4), 341–349.

Ticona, J. (2015). Strategies of control: Workers' use of ICTs to shape knowledge and service work. *Information, Communication & Society, 18*, 509–523. https://doi.org/10.1080/1369118X.2015.1012531

Travers, C. J., Morisano, D., & Locke, E. A. (2015). Self-reflection, growth goals, and academic outcomes: A qualitative study. *British Journal of Educational Psychology, 85*(2), 224–241. https://doi.org/10.1111/bjep.12059

Tulving, E., & Schacter, D. (1990). Priming and human memory systems. *Science, 247*, 301–306. https://doi.org/10.1126/science.2296719

Tversky, A., & Kahneman, D. (1992). Advances in prospect theory: Cumulative representation of uncertainty. *Journal of Risk and Uncertainty, 5*, 297–323. https://doi.org/10.1007/BF00122574

van der Klink, J. J., Blonk, R. W., Schene, A. H., & van Dijk, F. J. (2001). The benefits of interventions for work-related stress. *American Journal of Public Health, 91*, 270–276. https://doi.org/10.2105/AJPH.91.2.270

Van Laethem, M., Beckers, D. G., Kompier, M. A., Dijksterhuis, A., & Geurts, S. A. (2013). Psychosocial work characteristics and sleep quality: A systematic review of longitudinal and intervention research. *Scandinavian Journal of Work, Environment & Health, 39*, 535–549. https://doi.org/10.5271/sjweh.3376

Verkman, A. S., Binder, D. K., Bloch, O., Auguste, K., & Papadopoulos, M. C. (2006). Three distinct roles of aquaporin-4 in brain function revealed by knockout mice. *Biochimica et Biophysica Acta (BBA) – Biomembranes, 1758*, 1085–1093. https://doi.org/10.1016/j.bbamem.2006.02.018

Verplanken, B., & Orbell, S. (2022). Attitudes, habits, and behavior change. *Annual Review of Psychology, 73*, 14.1–14.26. https://doi.org/10.1146/annurev-psych-020821-011744

Verplanken, B., & Wood, W. (2006). Interventions to break and create consumer habits. *Journal of Public Policy & Marketing, 25*(1), 90–10. https://doi.org/10.1509/jppm.25.1.9

Webb, T. L., & Sheeran, P. (2006). Does changing behavioral intentions engender behavior change? A meta-analysis of the experimental evidence. *Psychological Bulletin, 132*(2), 249–268. https://doi.org/10.1037/0033-2909.132.2.249

Wood, W., & Rünger, D. (2016). Psychology of habit. *Annual Review of Psychology, 67*(1), 289–314. https://doi.org/10.1146/annurev-psych-122414-033417

Wood, W., Tam, L., & Witt, M. G. (2005). Changing circumstances, disrupting habits. *Journal of Personality and Social Psychology, 88*(6), 918–933. https://doi.org/10.1037/0022-3514.88.6.918

New Ways of Working aus Organisationsperspektive

New Ways of Working fordert uns nicht nur persönlich heraus, sondern auch die Organisation, in der wir arbeiten. Denn mobiles, flexibles und virtuelles Arbeiten verändert sowohl die interne Unternehmenskommunikation als auch die Kommunikation im Team. Obwohl virtuelle Meetings im Homeoffice oft effizienter sind als vor Ort im Büro, gehen dabei soziale Unterstützung und informelle Beziehungsarbeit verloren. Deshalb müssen der soziale Austausch und die Teamarbeit aktiv gefördert und geplant werden. Führungskräfte können bei Homeoffice nicht mehr auf altbewährte Kontrollmechanismen zurückgreifen, sondern müssen mehr auf Vertrauen und Leistung setzen. Das erfordert ein tiefes Umdenken in der Organisation, eine neue Art des Führens sowie eine moderne, offene und diverse Organisationskultur.

© Der/die Autor(en), exklusiv lizenziert an Springer-Verlag GmbH, DE, ein Teil von Springer Nature 2023
M. Hartner-Tiefenthaler et al., *smartWorkLife – Bewusst erholen statt grenzenlos gestresst*, https://doi.org/10.1007/978-3-662-63129-4_4

4.1 Organisationen entwickeln in Richtung New Ways of Working

Die Coronapandemie hat nicht nur die Lebensrealitäten von Beschäftigten fundamental verändert, sondern gesamte Organisationen bis in ihre Grundfesten erschüttert. Denn sie hat für viele das vermeintlich Unmögliche möglich gemacht: die breite Etablierung von hybriden und mobilen Arbeitsweisen. Heute ist Homeoffice aus den meisten Unternehmen nicht mehr wegzudenken, es ist schon fast zur Normalität geworden. Damit die Vorteile des „**new normal**" überwiegen, braucht es ein neues Mindset in der Organisation, das sich in den betrieblichen Vereinbarungen und Praktiken widerspiegelt. Dabei wird eine Organisation als ein *„über einen gewissen Zeitraum fest bestehendes, arbeitsteiliges System, in dem Menschen und Maschinen zur Erfüllung der Organisationsaufgabe (Dienstleistungen oder Produktion von Sachgütern) und der Unternehmensziele verbunden sind"* definiert (Pirntke, 2007).

Nach über zwei Jahren Pandemie gehören digitale Tools und virtuelle Kommunikation für viele zum beruflichen Alltag und das wird sich auch in Zukunft nicht so schnell ändern. So erleichtern Onlinekollaborationstools neue Formen der Zusammenarbeit und Kommunikation. Viele Tools bieten zwar ähnliche Funktionen, es bringt allerdings nichts, wenn das Tool zwar alles kann, aber die Nutzung suboptimal erfolgt. Der Erfolg dieser Tools hängt daher maßgeblich davon ab, wie sie genutzt werden. Unabhängig davon sind wir der Meinung, dass der Großteil der technologiebedingten Veränderungen auf Dauer Bestand haben wird. Zudem werden andere neuartige Hybridarbeitslösungen entstehen. Um als Organisation hier mithalten zu können, werden in Zukunft unternehmensweite Changemanagement-Maßnahmen notwendig sein, die nicht nur die Tools, sondern vor allem auch die damit verbundene Team- und Führungsarbeit im Fokus haben. Denn die Entwicklung in Richtung New Ways of Working versteht sich als tiefgreifende Veränderung, die auch die Organisationskultur miteinschließt (Hartner-Tiefenthaler et al., 2021).

Die Transformation zu New Ways of Working benötigt daher einen aktiven Verhandlungsprozess in der Organisation, der zahlreiche interne Stakeholder einbindet und sowohl die formalen als auch die informalen Aspekte umfasst, um die passenden Rahmenbedingungen für die Beschäftigten zu schaffen (Oelsnitz, 2009). Zum formalen Rahmen zählen neben arbeitsrechtlichen Vorgaben auch formalisierte Regeln wie beispielsweise die Betriebsvereinbarung, die aktiv gestaltet werden muss. Betriebsvereinbarungen sind meistens schriftlich dokumentiert, personenunabhängig und beinhalten festgelegte Arbeitsabläufe und Pausenzeiten (Hauser & Schlömer, 2015). Dieser formale Rahmen beeinflusst die Beschäftigten allerdings auch auf der informalen Ebene durch personen- und situationsabhängige (mündliche) Vereinbarungen, soziale Strukturen und Prozesse, bei denen der zwischenmenschliche Austausch und die Beziehungen im Vordergrund stehen. Kennzeichnend dafür sind unter anderem die Qualität des Betriebsklimas, die Länge der Dienstwege sowie unausgesprochene Erwartungen zwischen Organisation und Beschäftigten bzw. zwischen Führungskräften und Mitarbeiter*innen. Die **Organisationskultur** (Hauser & Schlömer, 2015) wird als wesentliches Element des informalen Rahmens betrachtet. Sie umfasst die vorherrschenden Werte, Normen und Praktiken der Beschäftigten und beeinflusst die Meinung zu bestimmten Themen wie der Arbeit mit digitalen Onlinetools (Schellinger et al., 2019) oder dem Umgang mit Leistungskontrolle. So zeigte z. B. eine Interviewstudie aus der Zeit vor Covid-19, dass das Thema Leistungskontrolle durch Homeoffice salienter wird. Besonders wenn vor der Einführung von Homeoffice eine Präsenzkultur in der Organisation herrschte, dann rückt mit der Einführung plötzlich das Thema der Leistungserbringung stärker in den Fokus der Aufmerksamkeit. Denn die Beschäftigten befinden sich nicht mehr vor Ort und damit arbeiten sie auch nicht mehr – vermeintlich – sichtbar für die Kolleg*innen. Darüber hinaus besteht das Risiko, dass die Arbeit im Homeoffice unpersönlicher wird und gegenseitige Unterstützung aktiver angefragt werden muss (Hartner-Tiefenthaler et al., 2021). Es verändert sich also der informelle Rahmen innerhalb der Organisation und eine fundamentale Frage rückt ins Rampenlicht: Was bedeutet Arbeit in der jeweiligen Organisation abseits von Anwesenheitskontrolle?

Mit der Arbeitsaufzeichnung im Homeoffice stellt sich außerdem die Frage, was als Arbeitszeit zählt. Traditionell werden beispielsweise spontane Pausengespräche mit Kolleg*innen bei der Kaffeemaschine vor Ort zur Arbeitszeit gezählt, denn „man redet ja meist ohnehin über die Arbeit". Das verändert sich im Homeoffice, da wir Dinge anders „mental verrechnen", und es besteht somit im Homeoffice die Gefahr, dass grundsätzlich weniger Pausen gemacht werden. Aber auf der anderen Seite ist es für manche auch schwieriger, private Ablenkungen im Homeoffice auszublenden und die Pausen nicht ausufern zu lassen. Daher erfordert die Arbeit im Homeoffice mehr Selbstregulation für die einzelnen Beschäftigten (Wang et al., 2021).

Wenn sich die Arbeitspraktiken der Beschäftigten verändern, dann muss auch die Arbeitssteuerung der Führungskräfte angepasst werden (Kingma, 2019). Führungskräfte koordinieren die Tätigkeiten der Beschäftigten auf den unterschiedlichen Hierarchieebenen. Diese Arbeitssteuerung dient neben der Kontrolle auch als Motivationsquelle für die Beschäftigten (Goold & Quinn, 1990). Bei der Einführung von Homeoffice müssen Organisationen also ihre Praktiken der Arbeitssteuerung und Führung überdenken, besonders wenn bislang eine Präsenzkultur herrschte (Bailey & Kurland, 2002; Dimitrova, 2003; Kurland & Cooper, 2002; Peters et al., 2016; Sewell & Taskin, 2015; Taskin & Edwards, 2007). Prinzipiell wäre die direkte Beobachtung des Verhaltens der Beschäftigten auch im Homeoffice technisch möglich. Durch Technologie (z. B. Tastatureingaben, Zeiterfassung am Computer, GPS-Überwachung) können Organisationen Informationen über das Verhalten generieren und speichern. Obwohl es Studien gibt, die zeigen, dass elektronische Leistungsüberwachung mit einer gesteigerten Aufgabenleistung (Aiello & Kolb, 1995; Bhave, 2014) zusammenhängt (vor allem wenn es einfache Routinetätigkeiten sind), erhöht diese Überwachung auch das Stressempfinden der Beschäftigten (Amick & Smith, 1992) und reduziert ihre Arbeitszufriedenheit (Jeske & Santuzzi, 2015). Eine aktuelle Studie aus China zeigt, dass sich die wahrgenommene Überwachung während der Pandemie darüber hinaus negativ auf die wahrgenommene Vereinbarkeit zwischen Beruf und Privatleben der Beschäftigten auswirkte (Wang et al., 2021). Diese Studie deutet andererseits ebenfalls darauf hin, dass dadurch Prokrastination reduziert wird. **Prokrastination** wurde als eine häufige Herausforderung im Homeoffice identifiziert und

bezeichnet die Tendenz, die Aufgabenerledigung immer wieder nach hinten zu verschie-
ben (Steel, 2007). Umgangssprachlich wird Prokrastination auch als „Aufschieberitis"
bezeichnet. Es stellt sich also für die Führungskräfte die Herausforderung, eine Balance
zwischen Kontrolle und Unterstützung zu schaffen. Wesentlich ist hierbei, *wie* die Maßnahmen innerhalb des Unternehmens kommuniziert und von den Mitarbeiter*innen
wahrgenommen werden (Verburg et al., 2017). Denn die Überwachung im Sinne von
Verhaltenskontrolle birgt das Risiko des Vertrauensverlusts in virtuellen Teams (Piccoli
& Ives, 2003). Gegenseitiges Vertrauen wird jedoch als Schlüsselaspekt für effektives
Arbeiten im Homeoffice angesehen (Avolio et al., 2000; Lengen et al., 2021; Jarvenpaa
& Shaw, 1998) und kann die Leistungsfähigkeit im Homeoffice noch stärker beeinflussen
als bei der Arbeit im Büro (Lengen et al., 2021).

Der Zusammenhang zwischen Kontrolle und Vertrauen wird in der Organisationsforschung kontrovers diskutiert (Weibel, 2007): Einerseits stellen Kontrolle und Vertrauen
funktionale Äquivalente dar und werden als austauschbar wahrgenommen. Andererseits
können sich Kontrolle und Vertrauen auch gegenseitig verstärken. So bevorzugen z. B. hart
arbeitende Mitarbeiter*innen eher Vorgesetzte, die die Arbeitsleistung kontrollieren und
Fehlverhalten sanktionieren. Das schafft für sie Fairness und wirkt vertrauensbildend.
Wichtig ist hier, dass Kontrolle sinnvoll eingesetzt wird und idealerweise den Arbeitsalltag
der Beschäftigten unterstützt (Weibel et al., 2016). Vor diesem Hintergrund scheint eines
klar: Reduziert sich der persönliche Kontakt zwischen Führungskraft und Beschäftigten,
rückt die Frage der Leistungsbeurteilung in den Vordergrund. Oft verschiebt sich dann die
Verhaltenskontrolle in Richtung Outputorientierung. Der Output kann in Form von Zielen,
Vorgaben, Budgets oder Ergebnissen gemessen werden (Eisenhardt, 1985; Ocasio &
Wohlgezogen, 2010). Der Zeitpunkt und der Ort der Arbeit sind dabei irrelevant, denn der
Output wird anhand der Ergebnisse und nicht anhand des Verhaltens bewertet (Kurland &
Cooper, 2002). Die Einführung von Homeoffice ist in jenen Organisationen leichter um-
setzbar, wo die Beschäftigten vor allem aufgrund ihres Outputs beurteilt werden (Taskin
& Edwards, 2007). Ein starker Fokus auf den Output wird in der Organisationsforschung
aber auch kritisiert, weil dabei Verantwortung für die Arbeit vom Arbeitgeber*in auf die
Beschäftigten verlagert wird (Voß & Pongratz, 1998). Mit dieser Verantwortungsüber-
nahme wird die dritte Form der Arbeitssteuerung beschrieben, auch bezeichnet als informelle Steuerung oder „clan control" (Ouchi, 1980). Diese Form ist viel subtiler, erfordert
weniger technische Hilfsmittel und ist letztlich deutlich mächtiger, da sich die Beschäftigten der Organisation verpflichtet fühlen und somit im Sinne der Organisation handeln –
ganz ohne Kontrolle (De Menezes & Kelliher, 2017). Die Schaffung dieser Art der Kontrolle ist ganz stark von der Organisationskultur abhängig und eine Umgestaltung in diese
Richtung kann sehr schwierig werden. Denn die Steuerung passiert hier nicht über die
Verhaltenskontrolle, sondern über die Schaffung von Ritualen. Sie beruht auf legitimer
Autorität, gemeinsamen Werten, Überzeugungen und Traditionen (Alvesson & Willmott,
2002; Barker, 1993; Etzioni, 1964; Eisenhardt, 1985; Fleming & Sturdy, 2010; Kunda,
1995). Die zugrunde liegende Überlegung dabei ist, dass die informelle Steuerung (im
Gegensatz zur Steuerung nach Output) versucht, die Überzeugungen, Normen und Inter-

pretationen der Beschäftigten auf implizite Weise zu beeinflussen (Alvesson & Kärreman, 2004). In der Praxis wird oft ein Mix angewendet, was dann eine Arbeitsintensivierung zur Folge hat, um die Ziele zu erreichen: Wenn die Beschäftigten die Organisationsziele internalisieren und zu ihren persönlichen Zielen machen, dann arbeiten sie tendenziell länger und härter dafür (Kelliher & Anderson, 2010). Gerade im Homeoffice besteht dann jedoch die Gefahr, dass die Beschäftigten ihre Arbeitszeiten ausdehnen und oft auch außerhalb ihrer Arbeitszeit für berufliche Belange zur Verfügung stehen. Dennoch darf man nicht vergessen, dass sich langfristig die Beeinträchtigung der psychischen Gesundheit der Beschäftigten auch negativ auf die Organisation auswirkt. Daher – und auch wegen der Fürsorgepflicht – muss die Organisation hier aktiv gegensteuern und idealerweise präventiv vorgehen, um ihre Beschäftigten vor Arbeitsintensivierung und anderen negativen Aspekten zu schützen. Besonders im Homeoffice bedarf es zusätzlicher Maßnahmen, die die Gesundheit der Beschäftigten aktiv fördern. Die Maßnahmen sollten jedoch im Einklang mit der Organisationskultur sein und die Veränderung zu New Ways of Working als ein grundlegendes Konzept verstehen, das alle Organisationsbereiche umfasst. Passen jedoch die vorherrschenden Werte (z. B. Veränderungsbereitschaft, kein Hierarchiedenken) zum Ziel des Changeprozesses, dann wird dieser formale Prozess zusätzlich auf der informalen Ebene unterstützt (Lang & Wagner, 2020). Je nach Organisationskultur ist die Veränderung zu New Ways of Working also unterschiedlich „schmerzhaft" für die Beschäftigten.

Um Changeprozesse voranzutreiben, müssen Organisationen daher ihre vorherrschenden institutionellen Logiken reflektieren und bislang gängige Praktiken neu bewerten (Hartner-Tiefenthaler et al., 2021). Es geht nicht mehr nur darum, auf äußere Umstände durch Strukturanpassungen zu reagieren, sondern selbst als Organisation eine Kultur zu entwickeln, in der Neues proaktiv erkundet und innovativ angewendet wird. **Storytelling** (Thier, 2016) scheint ein geeigneter Weg zu sein, um diesen Kulturwandel herbeizuführen. Die Geschichten, die voneinander erzählt werden, transportieren auf der emotionalen Ebene sehr viele Informationen – auch über Kontrolle und Vertrauen. Beispielsweise gibt es in den meisten Organisationen Geschichten darüber, wie die Umstellung ins Homeoffice zu Beginn der Pandemie erfolgte. Je nachdem, wie diese Geschichten erzählt werden, wird die Kultur der Organisation weitergetragen.

Eine Geschichte aus einem mittleren Produktionsunternehmen könnte sein
„*Es war der 13. März 2020. Die österreichische Bundesregierung kündigte in einer Pressekonferenz den Lockdown als Covid-19-Maßnahme ab 16. März an. Diese Nachricht ließ niemanden im Unternehmen kalt. Aufgeregte Gespräche begannen. Was bedeutet das für uns? Die Schule wird schließen. Wie soll es nun weitergehen? Homeoffice war bis dahin – wie für ca. 80 % aller Beschäftigten in Österreich – auch in diesem Unternehmen bis dato nicht möglich. Jetzt plötzlich schon. Was verändert sich? Eine große Unsicherheit breitet sich in der Belegschaft aus.*

Kurz nach der Pressekonferenz kommt bereits ein E-Mail des Eigentümers mit der Information, dass Homeoffice ab Montag für alle indirekten Bereiche umgesetzt wird. Masken und Visiere werden ab sofort für alle Beschäftigten kostenlos zur Verfügung gestellt. Wenn *noch keine Laptops vorhanden sind, dann können sich die Mitarbeiter *innen Bildschirme und Computer vom Büro mit nach Hause nehmen. Die Geschäftsleitung verspricht, schnellstmöglich für adäquates technisches Equipment zu sorgen. Sofort wird eine IT-Hotline installiert, die Mitarbeiter*innen bei technischen Fragen unterstützt und erste Schulungen zur Nutzung von Onlinekommunikationstools wie Zoom oder MS-Teams gibt. Regelmäßig werden Updates im Intranet veröffentlicht, der firmeninterne Newsletter erscheint nun wöchentlich. Arbeitszeiten können frei gewählt werden, da viele Mitarbeiter*innen Kinder im schulpflichtigen Alter haben und diese nun zuhause betreut werden müssen. Die Geschäftsführung sagt klar: „Es gibt für alles eine Lösung. Die Gesundheit geht vor."*

Die gleiche Situation könnte aber auch ganz anders erzählt werden

„Es war der 13. März 2020. Die österreichische Bundesregierung kündigte in einer Pressekonferenz den Lockdown als Covid-19-Maßnahme ab 16. März an. Diese Nachricht ließ niemanden im Unternehmen kalt. Aufgeregte Gespräche begannen. Was bedeutet das für uns? Die Schule wird schließen. Wie soll es nun weitergehen? Homeoffice war bis dahin – wie für ca. 80 % aller Beschäftigten in Österreich – auch in diesem Unternehmen bis dato nicht möglich. Jetzt plötzlich schon. Was verändert sich? Eine große Unsicherheit breitet sich in der Belegschaft aus.

Am Tag der Pressekonferenz kommt keine Reaktion des Eigentümers, auch am nächsten Tag nicht. Gerüchte gibt es allerdings schon sehr viele. Man arbeitet an einer Homeofficerichtlinie heißt es. Unklar ist, wie eine sichere Datenleitung ins Homeoffice hergestellt werden kann und welche Geräte dafür verwendet werden können. Nicht alle Mitarbeiter*innen haben Laptops. „Wie soll nun gearbeitet werden?", fragen sich die Beschäftigten. Die Unsicherheit ist groß. Viele haben nur einen Stand-PC im Büro. Am 15.3. kommt endlich ein Mail der Geschäftsleitung mit der Erklärung, dass man als Mitarbeiter*in so wenig wie möglich vor Ort sein soll, aber auch zuhause erreichbar sein muss. Da viele Mitarbeiter*innen Kinder im schulpflichtigen Alter haben und diese nun zuhause betreut werden müssen, kann Pflegefreistellung gewährt werden. Dennoch wird Urlaub und Zeitausgleich empfohlen, um ausreichend Zeit für die Betreuung der Kinder zu haben. Es gibt keine weiteren Informationen, im Intranet wird nur auf die Seite des Bundeskanzleramts verlinkt."

Homeoffice wird dann zum Erfolgsmodell, wenn die Balance von Vertrauen und Kontrolle, von Leistung und Wertschätzung sowie von Arbeitsbelastung und Gesundheitsprävention gegeben ist. Am Austarieren dieser Balance muss gearbeitet werden. Dabei spielt die interne Unternehmenskommunikation eine wesentliche Rolle. Eine transparente Kommunikation und die zeitnahe Weitergabe von Informationen avancierten während der Coronapandemie zu einem integralen Bestandteil der Organisation, der besonders das Vertrauen und die psychologische Sicherheit der Beschäftigten förderte (Gibson & Manuel, 2003). **Psychologische Sicherheit** bezeichnet ein Gefühl der Zuversicht, dass man nicht in Verlegenheit gebracht, abgelehnt oder bestraft wird, wenn man offen im Team die eigene Meinung kundtut (Edmondson, 1999).

Die Erfahrungsberichte – die Stimmen aus der Praxis – im nächsten Kapitel zeigen, wie die Balance durch die Coronakrise vielerorts ins Wanken geriet, welche Veränderungsprozesse für den Einstieg ins Homeoffice notwendig waren und wie Personalmanager*innen, Führungskräfte und Teamleiter*innen damit umgingen. Die Darstellung der Erfahrungsberichte basiert auf leitfadenzentrierten Interviews, die wir im Vorfeld dieses Buches mit Expert*innen aus verschiedenen Branchen führten. Die Interviewauszüge zeigen, welche unterschiedlichen Herangehensweisen Organisationen in Richtung New Ways of Working haben. Sie skizzieren die notwendigen Veränderungen der Rahmenbedingungen, beschreiben aufgetretene Schwierigkeiten und berichten von konstruktiven Lösungsansätzen beim Einstieg ins Homeoffice.

4.2 Stimmen aus der Praxis zu New Ways of Working

Jede*r, der/die schon einmal im Homeoffice gearbeitet hat, weiß, wie stark dort die Grenzen zwischen Arbeit und Privatleben verschwimmen können. Die einen erleben diese Verzahnung von Lebensräumen als positiv, andere fühlen sich dadurch unter Druck gesetzt. Zweifelsohne erfordert es viel Disziplin und Durchhaltevermögen, sich im Homeoffice ausreichend abzugrenzen. Nur wenn die persönliche Abgrenzung gelingt, kann die im Homeoffice gewonnene Autonomie nutzenbringend für die eigene Erholung und Gesundheit eingesetzt werden. Allerdings kann das eigene Verhalten nicht losgelöst vom Arbeitgeber betrachtet werden. Denn Organisationen unterstützen, initiieren und kontrollieren flexible Arbeitsprozesse, indem sie z. B. klare Regeln zur Erreichbarkeit im Homeoffice festlegen oder schriftliche Vereinbarungen (z. B. Betriebsvereinbarungen) sowie allgemein gültige Teamabsprachen implementieren. Führungskräfte haben zudem die Möglichkeit, (unausgesprochene) Erwartungen hinsichtlich der Arbeitsgestaltung offen zu diskutieren und zu kommunizieren. Dahinter steht die Frage: Wie stark müssen sich Organisationen ändern, um den Anforderungen von New Ways of Working gerecht zu werden? Die Erfahrungsberichte in diesem Kapitel greifen diese Frage auf und beleuchten sie in unterschiedlicher Weise. Sie basieren auf den im Sommer 2021 durchgeführten Interviews mit Expert*innen aus unterschiedlichen österreichischen Organisationen.[1] Bei der Auswahl der Interviewpartner*innen legten wir großen Wert darauf, Personen mit unterschiedlichen Positionen aus verschiedenen Branchen und Organisationstypen zu gewinnen, um die Vielfalt der Perspektiven darzustellen.[2] Im Folgenden werden zunächst die Expert*innen in alphabetischer Reihenfolge vorgestellt und danach schildern wir ihre Erfahrungen zum Ad-hoc-Einstieg ins Homeoffice.

---

[1] Die Beispiele aus den Interviews stehen unserer Meinung auch für die Erfahrungen von deutschen und Schweizer Organisationen, da es ähnliche Entwicklungen rund um Homeoffice zur gleichen Zeit auch in Deutschland und der Schweiz gab.

[2] Für den/die Leser*in ist es wichtig zu beachten, dass die nachfolgenden Interviewauszüge persönliche Meinungen und Erfahrungen der Interviewpartner*innen darstellen und nicht notwendigerweise die Meinung der Organisation repräsentieren.

Mag. Barbara Burger, Personalmanagerin bei Lafarge Zementwerke GmbH, Standort Mannersdorf
„Homeoffice ist für einen modernen Arbeitgeber nicht mehr wegzudenken. Wenn die Rahmenbedingungen passen, empfinde ich Homeoffice als eine absolute Bereicherung und als ein gutes Werkzeug."

Mag. Silvia Feuchtl, Leiterin des Projektfonds Arbeit 4.0 der Arbeiterkammer Niederösterreich
„Information und Transparenz sind in einer Krise oder generell in unsicheren Zeiten extrem wichtig. Einerseits ist es wichtig, als Mitarbeiter*in regelmäßig informiert zu werden, und andererseits ist es genauso wichtig, Informationen an sein Team weiterzugeben. Beschäftigte sollen klar wissen, welche Regeln wann gelten. Das Gefühl, am Laufenden zu sein und gehalten zu werden, ist für die Beziehung und das Vertrauen zwischen Führungskräften und Beschäftigten, aber auch zwischen Kolleg*innen essenziell."

Mag. Julian Jäger, Vorstandsdirektor der Flughafen Wien AG
„Die Unternehmenskultur ist sehr wichtig, denn sie bestimmt ganz stark, wie mit Veränderungen wie z. B. Homeoffice intern umgegangen wird. In einer offenen Organisationskultur ist es normal, dass man über Maßnahmen, Veränderungsprozesse und neue Regelungen miteinander spricht, sich austauscht, Dinge diskutiert und bei Bedarf anpasst."

Mag. Andreas Kremla, Prokurist „Health Consult" und kollegiale Leitung des arbeitsmedizinischen Zentrums (gemeinsam mit Susanne Hickel)
„Während der Coronapandemie habe ich bemerkt, um gut weiterarbeiten zu können, ist eines von zentraler Bedeutung: die Überwindung des eigenen Widerstands. Zweifel an den eigenen Kompetenzen in Bezug auf Technik, Videokonferenzen und Zoom-Workshops waren bei unseren Beschäftigten zu Beginn der Pandemie relativ groß. Mein Zugang war jedoch: Lasst es uns gemeinsam ausprobieren. Das Zutrauen in eigenen Kompetenzen ist äußerst wichtig, um in Krisensituationen bestehen zu können."

Ing. Andreas Ramharter: Executive Vice President Middle East ILF Consulting Engineers

„Ein großes Problem im DACH-Raum ist, dass wir nicht gewöhnt sind, Leistung zu messen, sondern Anwesenheitszeit. Dadurch entstehen Spannungsfelder: Einerseits möchte die Personalabteilung möglichst lückenlose und transparente Dokumentation, wer wann, wo, was gearbeitet hat, andererseits bedingt ja dieser Homeofficeapproach ein großes Vertrauen in die Mitarbeiter*innen. Vertrauen, dass Beschäftigte auch ihre Zeit im Homeoffice effektiv für das Unternehmen nutzen. Das ist für viele Führungskräfte eine wahnsinnige Umstellung."

Mag. Robert Zangl: Personalchef der Arbeiterkammer Niederösterreich

„Aus Organisationssicht muss man im Homeoffice sehr stark auf den sozialen Zusammenhalt achten. Man benötigt das richtige Maß und Ziel. Wichtig ist, dass man nicht alle Mitarbeiter*innen über einen Kamm schert, sondern dass man versucht, auf die Bedürfnisse der einzelnen Abteilungen Rücksicht zu nehmen. Bei Veränderungsprozessen muss man ständig an sich arbeiten und schauen: Wie ist die Kommunikation? Welche Infrastruktur brauchen wir? Neue Strukturen muss man wachsen lassen, und dann funktioniert es auch sehr gut."

Anonymisiert: E-Learning-Expertin im NGO-Bereich

In unserem Unternehmen blieben viele wichtige Dinge ungesagt. Ich wusste z. B. nicht, wie das mit den Pausenregelungen funktioniert im Homeoffice. Jetzt weiß ich es, aber nur, weil ich recherchiert habe. Bei einigen Fragen bin ich mir trotzdem noch immer unsicher, da gibt es noch ganz viele offene Fragen bezüglich Versicherung, Ausstattung, Unfällen, Krankenstand. Jede neue Regelung sollte transparent kommuniziert und begleitet werden. Wenn das nicht passiert, fehlt etwas sehr schmerzlich."

Anonymisiert: Betriebsratsvorsitzende eines Großunternehmens

Gerade im Betriebsratskontext steht immer die Frage im Raum: „Wer hat die Verantwortung?" Das Unternehmen würde in diesem Fall wahrscheinlich sagen: „Das wird doch jeder Mensch selbst entscheiden können, wann er aufhört zu arbeiten". Aber ich sage hier – nicht nur aus Betriebsratssicht sondern auch im Rahmen der Fürsorgepflicht – hat das Unternehmen eine hohe Verantwortung. Und letztendlich, wenn das Unternehmen die Verantwortung ordentlich wahrnimmt, kann man sagen „Jetzt hast natürlich auch du als Mitarbeiter oder als Mitarbeiterin die Verantwortung".

4.3   Erfahrungsberichte zum Einstieg ins Homeoffice zu Pandemiebeginn

Am 11. März 2020 gab die österreichische Bundesregierung in einer Pressekonferenz bekannt, dass ab 16. März die Präsenzlehre an allen österreichischen Universitäten, Fachhochschulen und Pädagogischen Hochschulen abgesagt oder durch „distance learning" ersetzt werden soll. Am selben Tag appellierte die damalige deutsche Bundeskanzlerin Angela Merkel an die Solidarität, die Vernunft und an das Herz der deutschen Bevölkerung für die kommenden Maßnahmen und somit auch für Schulschließungen. Auch in der Schweiz gab es – genauso wie in Österreich und Deutschland – ab März 2020 einen mehrwöchigen Lockdown, der das gesamte Bildungssystem miteinschloss. Während es in den darauffolgenden Wochen und Monaten in Österreich und Deutschland zu weiteren Lockdowns und Verschärfungen kam, ging die Schweiz einen „softeren" Weg in der Pandemiebekämpfung und sah von zusätzlichen Schulschließungen ab (Munzinger et al., 2021). In Österreich und Deutschland blieben hingegen Bildungseinrichtungen nur für jene Kinder geöffnet, deren Eltern in ihrem Beruf unabkömmlich waren. Für die Mehrzahl der Beschäftigten bedeutete das schlichtweg die Verlagerung ihrer beruflichen Aktivitäten in die eigenen vier Wände. Die Etablierung von Homeoffice nahm ihren Anfang – mit allen Vorteilen, aber auch mit der zusätzlichen Aufgabe, die Kinder neben der Erwerbsarbeit zuhause zu betreuen. Sowohl Beschäftigte als auch Organisationen standen aufgrund dieser Regelungen vor schwierigen Herausforderungen. Vor allem jene Organisationen, die Homeoffice vor der Coronapandemie nicht angedacht hatten oder der Einführung generell skeptisch gegenüberstanden, waren gezwungen, Homeoffice ad hoc und relativ unvorbereitet für ihre Beschäftigten zu ermöglichen.

Die Personalmanagerin **Barbara Burger** des Industrieunternehmens Lafarge Zementwerke GmbH erinnerte sich im Interview am 5. August 2021 an diese schwierige Zeit und konstatierte ihrer Organisation trotz der Ad-hoc-Situation einen gelungenen Einstieg ins Homeoffice:

> „In unserem Unternehmen dauerte die Umstellung auf Homeoffice genau drei Wochen – zumindest was die formalen Rahmenbedingungen betraf. Da waren wir sehr flott. In diesem Prozess merkten wir, dass unsere Belegschaft sehr loyal hinter der Firma steht. Alle haben ohne Ausnahme an einem Strang gezogen. (…) Vor der Coronapandemie hatte unser Werk aufgrund der Schichtarbeit starre Arbeitszeiten. Wir waren hier – im Gegensatz zu vielen anderen Unternehmen – eher konservativ aufgestellt. Wir hatten im Gegensatz zu unserer Hauptzentrale in Wien, die schon seit Jahren ein Gleitzeitmodell lebt und bereits vor der Coronapandemie eine Gleitzeitvereinbarung mit einem Tag Homeoffice pro Woche implementiert hatte, keinerlei Erfahrungen mit Homeoffice. Das heißt, für die Mehrzahl der Arbeiter*innen und Angestellten in den Werken – wir sind ja ein produzierendes Zementwerk – war Corona ein sehr harter Einschnitt. Herausfordernd war es vor allem, Ressourcen bereitzustellen, damit die Schlüsselkräfte auch von zuhause aus arbeiten konnten. Das war beispielsweise für die Qualitätskontrolle und für die Prozessingenieure äußerst wichtig. Die IT hat sehr viele Überstunden gemacht, weil sie alle Laptops so herrichten mussten, dass der Datenschutz ge-

währleistet und Firmendaten sicher waren. (…) Unser firmeninterner Zugang dabei war: Alles so unkompliziert wie möglich zu gestalten. Wir wollten vor allem jenen Kolleg*innen entgegenkommen, die Betreuungspflichten daheim hatten. Wir haben dann z. B. einer Vollzeitkraft mit acht aktiven Arbeitsstunden am Tag gesagt: Nimm diese acht Stunden, wann immer du sie machen möchtest. Unser Motto war: möglichst hohe Flexibilisierung für die Beschäftigten. Überstunden oder Mehrstunden mussten jedoch vorab mit dem Vorgesetzten abklärt werden. Diese Regelung hat bei uns gut funktioniert. Wir wollten keinesfalls Druck erzeugen, indem wir gesagt hätten: „Du musst jetzt auch von 8 bis 14 Uhr im Homeoffice arbeiten, denn das ist deine im Dienstvertrag geregelte Arbeitszeit." Wenn ich jetzt beispielsweise von 8 bis 14 Uhr arbeiten muss und nebenbei zwei Schulkinder zu betreuen habe, die im Distance Learning sind, dann baut man für die Beschäftigten nur unnötigen Druck auf. Das haben wir von Anfang an klar kommuniziert: Macht es so, wie es für euch am besten passt. (…) Natürlich wurde da viel Flexibilität auf einmal verlangt. Es hat aber zu unser aller Überraschung wirklich gut funktioniert, und eineinhalb Jahre später, kann man sagen, ist bei uns im Unternehmen die Grunddiskussion zu flexiblem Arbeiten entbrannt, weil die Beschäftigten auch weiterhin Homeoffice nutzen möchten."

Der Erfahrungsbericht von Barbara Burger zeigt, welche unterschiedlichen Aspekte beim Einstieg ins Homeoffice organisationsseitig zu beachten sind. Es müssen eingerostete Strukturen und Rahmenbedingungen verändert werden, aber auch arbeitsrechtliche Fragen wie die Regelungen zur Arbeitszeit geklärt und gesundheitsfördernde Maßnahmen wie die Einrichtung eines ergonomischen Arbeitsplatzes und die Bereitstellung der Arbeitsmittel unter Beachtung des Datenschutzes initiiert werden. Auf diese Aspekte werden wir in den nachstehenden Kapiteln noch genauer zu sprechen kommen. Eines ist jedoch bereits an dieser Stelle klar: Unsere Interviews veranschaulichen auf plakative Weise, wie Organisationen mit dem Einstieg ins Homeoffice unterschiedlich umgehen. So beschreibt der Executive Vice President Middle East **Andreas Ramharter** im Interview am 10. August 2021 die Herausforderungen der ILF Group Holding GmbH. Als international tätiges Ingenieurbüro war das Unternehmen von den Maßnahmen zur Eindämmung der Coronapandemie im DACH-Raum und den damit einhergehenden Reisebeschränkungen besonders stark betroffen. Im Unterschied zu Frau Burger zeichnete er deshalb in Bezug auf die Einführung von Homeoffice ein eher ambivalentes Bild:

„Homeoffice war in unserem Unternehmen vor der Covid-19-Pandemie nur in Ausnahmesituationen möglich. In der Regel hatten wir reinen Präsenzdienst. Nur bei Mitarbeiter*innen, die sehr viel gereist sind, machten wir eine Ausnahme. 99 Prozent unserer Mitarbeiter*innen waren vor Covid-19 Teil eines fixen Bürobetriebs. Corona hat diese Arbeitsweise schlagartig verändert. Mit dem Ausbruch der Pandemie hatten wir in manchen Bürostandorten 100 % Homeoffice, insbesondere zu Krisenbeginn. Danach ging es zwar etwas zurück, aber nach wie vor sind unsere Mitarbeiter*innen überwiegend von zuhause aus tätig. Wir haben sie dann auch sehr schnell mit der nötigen Infrastruktur ausgestattet. Wir mussten unsere IT entsprechend umrüsten und unsere Mitarbeiter*innen mit den notwenigen Arbeitsmitteln und VPN-Kanälen versorgen (…) Momentan (Sommer 2021) leben wir eine Mischform, die das Unternehmen vorgibt. In den österreichischen Standorten gibt es dazu klare Vorgaben von der Geschäftsführung, z. B. was die Beschränkung der Mitarbeiteranzahl in einzelnen Büroräumen betrifft. Das Unternehmen regelt auch ganz klar, wann Mitarbeiter*innen im Homeoffice tätig sein sollen. Es sagt: „Diese Woche, oder an diesen Tagen, bist du im Büro, und an diesen und jenen Tagen arbeitest du von zuhause." Der formale Rahmen ist in Österreich also stark vorgegeben. In unseren Standorten im Mittleren Osten hingegen gab es eine Vielzahl an Problemen, mit der die Organisation zu kämpfen hatte. Zum Beispiel hatten wir dort massive Schwierigkeiten bei der Erreichbarkeit der Büros für unsere Mitarbeiter*innen. Da wir sehr stark in einem internationalen Umfeld tätig sind, arbeiten in unseren Büros in Saudi-Arabien oder in den Vereinigten Arabischen Emiraten über 30 unterschiedliche Nationalitäten. Diese Mitarbeiter*innen konnten durch die Coronapandemie und die Reisebeschränkungen zum Teil gar nicht mehr in ihr Zuhause zurückreisen, weder nach Saudi-Arabien noch in die Emirate. Zusätzlich haben wir Büros in Jordanien, da gab es oft Extremfälle, wo z. B. Mitarbeiter*innen seit Monaten durchgehend aus Indien herausarbeiten mussten, weil die Einreise nach Saudi-Arabien nicht möglich war oder ist. Das hat auch zum Teil für Europäer*innen gegolten. Das ist nach wie vor ein großes Thema in unserem Unternehmen."

Die Reisebeschränkungen führten bei ILF Group Holding GmbH zu massiven Problemen und beeinflussten die Arbeit der Beschäftigten stark. Mit der internationalen Ausbreitung der Coronapandemie kamen ganze Branchen ins Strauchern. Branchen wie der Tourismus, die Hotellerie und die Gastronomie wurden an den Rand des finanziellen Ruins gedrängt. Auch der Flugverkehr erlahmte weltweit. Viele Fluglinien stellten ihren Flugverkehr komplett ein. Destinationen wurden gestrichen, nur mehr wenige Orte von ausgewählten Anbietern angeflogen. Deutsche, österreichische und schweizerische Regierungen organisierten Flüge, um ihre Bürger*innen nach Hause zurückzuholen. Flughäfen kamen zum Erliegen und mit ihnen alle Zubringerfirmen. Airport Citys schlossen ihre Pforten und schickten ihre Beschäftigten in den Urlaub oder kündigten Beschäftigte. Die Länder des DACH-Raums führten vor diesem Hintergrund die Möglichkeit der Kurzarbeit ein. Ziel dieser Maßnahme war es zu verhindern, dass tausende Beschäftigte ihren Arbeitsplatz verlieren. Der Flughafen Wien beispielsweise nahm die Möglichkeit der Kurzarbeit für seine Mitarbeiter*innen sogar bis Ende März 2022 in Anspruch. Insgesamt waren dort die Beschäftigten zwei Jahre lang in Kurzarbeit. Die Kurzarbeit bringt automatisch eine Reduzierung der Normalarbeitszeit je nach Kurzarbeitsmodellvariante mit sich. Zudem wechselten alle Mitarbeiter*innen, bei der es die Tätigkeit zuließ, ins Homeoffice. Deshalb hatte Homeoffice am Flughafen Wien lange Zeit einen negativen Beigeschmack, der jedoch nicht durch die Art der Arbeitsweise, sondern vielmehr der generellen Unsicherheit aus der Situation heraus begründet war. **Julian Jäger,** Vorstand der Flughafen Wien AG, schilderte bei unserem Gespräch am 14. September 2021 seine Eindrücke zur Umstellung auf Homeoffice folgendermaßen:

> „Für uns ist die Krise leider noch nicht vorbei. Covid-19 hat unsere Arbeitsweise dramatisch verändert. Wir hatten zwar vor der Pandemie die Möglichkeit, mobil zu arbeiten, aber nur sehr eingeschränkt. Das umfasste nur eine kleine Anzahl von Mitarbeiter*innen im IT-Bereich. Durch die Pandemie ist das gesamte Unternehmen in Kurzarbeit gegangen und somit auch ins Homeoffice. Homeoffice ist also bei uns aktuell eher die Regel als die Ausnahme. Wir haben gerade erst eine Betriebsvereinbarung zu Homeoffice unterschrieben, welche die Zeit nach der Kurzarbeit regelt. In Zukunft können Mitarbeiter*innen bis zu drei Tage Homeoffice pro

Woche mit ihrer Führungskraft vereinbaren. Wir gehen davon aus, dass auch in Zukunft Homeoffice überwiegend im Unternehmen eingesetzt wird, vielleicht nicht so viel wie aktuell, aber die letzten Monate haben gezeigt, dass es in der Belegschaft den Wunsch nach Homeoffice auch nach der Kurzarbeit gibt."

Trotz Kurzarbeit konnten die Beschäftigten des Flughafen Wiens die Vorzüge von Homeoffice kennen- und schätzen lernen. Der bleibende Wunsch nach Homeoffice zeigt, dass Organisationen die Rahmenbedingungen ändern müssen, um sich für New Ways of Working zu rüsten und um weiterhin als attraktiver Arbeitsgeber zu gelten.

Auf der anderen Seite gibt es auch Organisationen, die bereits vor der Pandemie Erfahrungen mit Homeoffice hatten. Trotzdem mussten auch diese Unternehmen Veränderungen in der Organisation vornehmen, wie uns der Personalchef der Arbeiterkammer Niederösterreich **Robert Zangl** im Interview am 2. September 2021 bestätigte:

„Wir haben bereits vor über zehn Jahren begonnen, die bestehende Dienstordnung zu modernisieren und mobiles Arbeiten auf freiwilliger Basis im Unternehmen einzuführen. Dabei achteten wir besonders stark auf Freiwilligkeit, weil Homeoffice, oder wir nannten es damals Telework, nur funktionieren kann, wenn es für die Mitarbeiter*innen freiwillig ist. Wir starteten damals mit einem Probeversuch von drei Abteilungen. Angedacht war es, mobiles Arbeiten ein Jahr lang auszuprobieren. Danach ist es auf mehrere Abteilungen ausgeweitet worden. (…) Natürlich wurde dieser Trend durch Corona verstärkt, aber jedenfalls war das für uns nichts Neues. (…) Der Laden muss rennen, egal wo man arbeitet. Grundsätzlich haben wir Rahmenarbeitszeiten für den Bürobetrieb, die liegen zwischen 7 und 19 Uhr. Wir haben eine 38,5-Stunden-Woche und innerhalb dieser Zeit kann je nach individueller Vereinbarung mit der oder dem Vorgesetzten im Homeoffice gearbeitet werden. Die Organisation hat den Rahmen vorgegeben und mit dem Betriebsrat ausverhandelt, und jede Abteilung, jede Führungskraft kann sich darin autonom bewegen. In meiner Abteilung beispielsweise sind gewisse Tage für Homeoffice vorgesehen. Bei manchen Tätigkeiten und Abteilungen wird mehr im Homeoffice gearbeitet, bei manchen weniger. Wenn jemand in der Beratung, also in der Dienstleistung tätig ist, dann wird Homeoffice sicherlich viel weniger in Anspruch genommen als in der Buchhaltung. Homeoffice ist meiner Meinung nach sowohl von der Tätigkeit als auch von der Person abhängig. Zusammenfassend kann man sagen, dass vor Corona pro Arbeitstag im Schnitt bei ca. 530 Mitarbeiter*innen 30 bis 35 davon von zuhause gearbeitet haben. Jetzt – wir sind seit Juli 2021 wieder in den Regelbetrieb übergegangen – sind es zwischen 50 und 60 Personen täglich. Die Coronapandemie hat schon einen Schub verursacht, weil es uns gezeigt hat, dass mehr möglich ist, als ursprünglich geplant bzw. gedacht war."

Die Coronapandemie hat gezeigt, dass Homeoffice durchaus intensiver genutzt werden kann und viele Möglichkeiten bietet. Gleichzeitig entwickelten durch die Pandemie viele Beschäftigte massive Zukunftsängste. Ängste, die sich um den drohenden Jobverlust oder die Angst, krank zu werden, drehen. Gesundsein und Gesundbleiben avancierten zu einem Mainstreamthema. Auch Organisationen, die Beratungsleistungen in diesen Bereichen anbieten, haben durch die Coronapandemie einen enormen Booster erhalten. Vieles dreht sich um die eine Frage: Wie kann die mentale Gesundheit der Beschäftigten aufrechterhalten werden? Mit dieser und anderen Fragen zur Gesundheit beschäftigten sich **Andreas Kremla,** Arbeitspsychologe und Prokurist bei Health Consult, und sein Team schon lange

vor Covid-19. Auch Homeoffice war im Unternehmen bereits seit Jahren fester Bestandteil. Daher war bei Health Consult der für andere Organisationen „erzwungene" Umstieg
auf Homeoffice kein großes Thema, wie Andreas Kremla im Interview am 6. Juli 2021
schilderte:

> „Die Mitarbeiter*innen unseres Unternehmens können arbeiten, wo immer sie wollen. So war
> es bereits vor der Coronapandemie. Und mit überall meine ich nicht nur im Homeoffice,
> sondern auch bei Kund*innen oder sonst wo. Wir betreiben echtes mobiles Arbeiten. Zum
> Beispiel kommt es vor, dass man zwischen zwei Kundenterminen bei einem Kunden fragt, ob
> man den Besprechungsraum noch ein, zwei Stunden länger benutzen darf, weil es sich dann
> mit dem Anschlusstermin besser ausgeht (…). Natürlich gibt es bei uns auch Homeoffice.
> Wichtig für uns ist: Niemand hat irgendeine Verpflichtung, niemand ist angehalten, im Home-
> office zu arbeiten oder nicht. Das haben wir lange hinter uns gelassen und sind sehr froh
> darüber. Wir sind einfach ein reines People Business. Obwohl es manchmal praktisch ist,
> Abstimmungen mit Kolleg*innen über MS Teams oder Zoom zu machen, arbeiten wir
> grundsätzlich vorwiegend vor Ort. Dort wo es passt, im Homeoffice oder wo anders mobil.
> Denn in unserem Unternehmen gibt es ganz klare Regeln, wieviel Zeit wir beim Kunden sein
> sollen. Nämlich fast die ganze Zeit. Die Arbeitsmedizin verrichtet 90–95 % der Arbeit vor Ort
> beim Kunden. Bei der Arbeitspsychologie sind es 50–60 %, weil wir auch in den Büroräumen
> von Health Consult Klient*innen empfangen. Aber die Vorgabe ist klar: 90 % deiner Zeit
> solltest du für/beim Kunden arbeiten."

Wenn Organisationen zu Veränderungen bereit sind, dann ist Digitalisierung und flexibles
Arbeiten – dort wo es die Arbeitsaufgabe zulässt – nicht nur ein betriebliches Konzept der
Arbeitsorganisation, sondern entspricht auch den Wünschen vieler Beschäftigten (Daum
et al., 2020). Mobiles Arbeiten geht also über das Arbeiten im Homeoffice weit hinaus.
Während Homeoffice an das eigene Zuhause gekoppelt ist, ist mobiles Arbeiten ortsunge-
bunden. Egal ob im Kaffeehaus, am Strand oder von der Parkbank aus – mobil Arbeitende
arbeiten weniger im klassischen Büro, sondern sie verwenden unter anderem auch das
Büro eines anderen. Schließlich ist der einhellige Tenor aus den Interviews zweifelsfrei:
„Homeoffice ist gekommen, um zu bleiben". Doch wie kann Homeoffice gelingen und
gibt es ein Recht auf Homeoffice?

4.4   Die Betriebsvereinbarung und das Recht auf Nicht-Erreichbarkeit

Da die Veränderung des Arbeitsorts oft mit der Veränderung der Arbeitszeit einhergeht, ist
die **Transformation hin zu New Ways of Working** so fundamental, dass alle in der Organisation davon betroffen sind. Um Klarheit für die Beschäftigten zu schaffen, ist es daher ratsam, eine Betriebsvereinbarung zu formulieren. Ziel ist es, darin zu klären, wie
Beschäftigte rechtlich im Homeoffice abgesichert arbeiten können. Viele Organisationen
passten ihre Betriebsvereinbarungen aufgrund der Pandemie an, wie auch diese Mitarbei-

terin im Bereich E-Learning einer Non-Profit-Organisation im Rettungs- und Sanitätsbereich im Interview am 8. Juli 2021 beschreibt.

> „Bei uns im Unternehmen sind Betriebsvereinbarungen zum Thema Homeoffice gerade erst im Entstehen. Sie sind jetzt seit einem halben Jahr im Entstehen. Also ich weiß nicht, wann die dann tatsächlich umgesetzt werden. Aber es gibt auf jeden Fall die Bestrebung, gerade auch vom Betriebsrat, dass da etwas fixiert wird. Wichtig ist ja, dass der rechtliche Rahmen zur Aktivität passt. Dass z. B. Gleitzeit tatsächlich so geregelt wird, wie sie bereits seit Beginn der Coronapandemie im Betrieb gelebt wird (anonym, Mitarbeiterin E-Learning)."

Betriebsvereinbarungen zu Homeoffice basieren im DACH-Raum bislang auf freiwilligen Absprachen und nicht auf einem Rechtsanspruch. Auch nach zweieinhalb Jahren Pandemie sind sich europäische Regierungen uneins, ob man Arbeitnehmer*innen einen Anspruch auf Homeoffice gesetzlich gewähren sollte. Im Jänner 2022 lässt der deutsche Arbeitsminister Hubertus Heil in diesem Zusammenhang damit aufhorchen, dass er in Zukunft einen dauerhaften Rechtsanspruch auf Homeoffice schaffen möchte (dpa, 2022). Einen Rechtsanspruch auf Homeoffice einzuführen, würde bedeuten, dass Organisationen ihren Beschäftigten die Möglichkeit, im Homeoffice zu arbeiten, unbedingt bieten müssen – außer betriebliche Gründe sprechen dagegen. Das bringt auch weitere Pflichten für die Organisation mit sich (Kowatsch & Dunst, 2022). Momentan ist nur eine schriftliche Vereinbarung zwischen Organisation und Beschäftigten verpflichtend und muss jedenfalls ein beidseitiges Rücktrittsrecht enthalten. Es regelt, welche Gruppen in der Organisation den Zugang zu Homeoffice haben, welche Ausstattung absolut notwendig ist, wie der Arbeitsplatz im Homeoffice gestaltet werden sollte und welchen zeitlichen Umfang die Arbeit einnimmt (Gogola & Döller, 2021). Die Betriebsvereinbarung wird dadurch zum zentralen rechtlichen Tool für Homeoffice. Denn es liegt auch im Interesse der Organisation, möglichst eindeutige Regeln für Homeoffice und auch für Erreichbarkeit zu etablieren, um Unklarheiten vorzubeugen. Relevant dabei ist, dass die Betriebsvereinbarung die Möglichkeit für Beschäftigte enthalten muss, wieder physisch voll in das Unternehmen zurückzukehren. Obwohl die Betriebsvereinbarung den Rahmen für das Arbeiten im Homeoffice bestimmt, unterliegt die betriebliche Praxis oft den individuellen Regelungen, die aus Absprachen mit der Führungskraft resultieren.

   In Bezug auf die **Arbeitszeit und Erreichbarkeit** kann die Betriebsvereinbarung nur einen formalen Rahmen vorgeben, indem ein Minimum oder ein Maximum an Arbeitszeit definiert wird. Denn auch im Homeoffice gelten prinzipiell die kollektiv-, tarif- oder arbeitsvertraglichen Regelungen. Das bedeutet, auch im Homeoffice gilt die vereinbarte Arbeitszeit wie vor Ort im Büro. Man kann die Arbeitszeiten flexibler gestalten, dazu muss man aber vorab mit den Vorgesetzen sprechen und eine flexible Arbeitszeit vereinbaren. Arbeitszeit muss im Homeoffice nicht zwangsläufig aufgezeichnet werden, obwohl es von Arbeiterkammer und Betriebsrat empfohlen wird. Beschäftigte im Homeoffice müssen ausschließlich Aufzeichnungen über die Dauer der Tagesarbeitszeit vorweisen. Sind die Arbeitszeiten fix vorgegebenen, dann müssen Beschäftigte nur Abweichungsaufzeichnungen gem. § 26 Abs 5a AZG führen. Eine Aufzeichnung des konkreten Beginns und Endes sowie der Pausen entfällt dadurch. Es ist lediglich der Saldo der tatsächlich geleisteten Arbeitszeit pro Tag zu dokumentieren (vgl. § 26 Abs 3 des Arbeitszeitgesetzes).

Immer wieder ist auch die **Erreichbarkeit außerhalb der Arbeitszeiten** ein Thema für viele Beschäftigte. Um Erreichbarkeiten zu sichern, legten deshalb einige Organisationen Kernzeiten für die Erreichbarkeit fest. Beschäftigte sind ihrerseits dazu verpflichtet, die Vorgaben des Arbeitszeitgesetzes einzuhalten und bei einer Überschreitung des 8-Stunden-Tages ihrer Aufzeichnungspflicht nachzukommen (Däubler, 2020). Grundsätzlich ist der Arbeitgeber verantwortlich für die Gewährung und Einhaltung von Pausenzeiten. Das gilt auch für Beschäftigte mit Vertrauensarbeitszeit, im Homeoffice oder in Führungspositionen. Es sollte hier genügen, die Möglichkeit einer Pause einzuräumen ohne eine tatsächliche Einhaltungskontrolle durchzuführen. Für viele Beschäftigte ist die Dokumentation der Arbeitszeit mittlerweile zur Pflicht geworden – unabhängig ob sie im Homeoffice arbeiten oder nicht. Im Homeoffice ist eine detaillierte Arbeitszeitaufzeichnung empfehlenswert. Denn der Europäische Gerichtshof hat in seiner Rechtsprechung betont, dass ohne konkrete Arbeitszeitaufzeichnungen die Einhaltung der Mindestruhezeiten nicht überprüft werden kann:

Urteil des Gerichtshofs (Große Kammer)
14. Mai 2019
„Vorlage zur Vorabentscheidung – Sozialpolitik – Schutz der Sicherheit und der Gesundheit der Arbeitnehmer – Arbeitszeitgestaltung – Art. 31 Abs. 2 der Charta der Grundrechte der Europäischen Union – Richtlinie 2003/88/EG – Art. 3 und 5 – Tägliche und wöchentliche Ruhezeit – Art. 6 – Wöchentliche Höchstarbeitszeit – Richtlinie 89/391/EWG – Sicherheit und Gesundheitsschutz der Arbeitnehmer bei der Arbeit – Verpflichtung zur Einrichtung eines Systems, mit dem die von einem jeden Arbeitnehmer geleistete tägliche Arbeitszeit gemessen werden kann"

Unionsrecht
Art. 3 („Tägliche Ruhezeit") der Richtlinie 2003/88 lautet:
„Die Mitgliedstaaten treffen die erforderlichen Maßnahmen, damit jedem Arbeitnehmer pro 24-Stunden-Zeitraum eine Mindestruhezeit von elf zusammenhängenden Stunden gewährt wird."

Art. 5 („Wöchentliche Ruhezeit") dieser Richtlinie sieht vor:
„Die Mitgliedstaaten treffen die erforderlichen Maßnahmen, damit jedem Arbeitnehmer pro Siebentageszeitraum eine kontinuierliche Mindestruhezeit von 24 Stunden zuzüglich der täglichen Ruhezeit von elf Stunden gemäß Artikel 3 gewährt wird.
Wenn objektive, technische oder arbeitsorganisatorische Umstände dies rechtfertigen, kann eine Mindestruhezeit von 24 Stunden gewählt werden."

Art. 6 („Wöchentliche Höchstarbeitszeit") der Richtlinie bestimmt:
„Die Mitgliedstaaten treffen die erforderlichen Maßnahmen, damit nach Maßgabe der Erfordernisse der Sicherheit und des Gesundheitsschutzes der Arbeitnehmer:

a) die wöchentliche Arbeitszeit durch innerstaatliche Rechts- und Verwaltungsvorschriften oder in Tarifverträgen oder Vereinbarungen zwischen den Sozialpartnern festgelegt wird;

b) die durchschnittliche Arbeitszeit pro Siebentageszeitraum 48 Stunden einschließlich der Überstunden nicht überschreitet."

Quelle: https://dejure.org/dienste/vernetzung/rechtsprechung

Das Verschwimmen der Grenzen zwischen Arbeit und Privatleben fordert das Arbeitszeit- und Arbeitsschutzgesetz auf vielfältige Weise heraus. Wenn Beschäftigte im Homeoffice z. B. noch kurz vor oder nach Feierabend eine E-Mail von ihrem Vorgesetzten mit einem dringenden Arbeitsauftrag erhalten, geraten sie unter mentalen Druck. Die Gefahr, dass sie weiterarbeiten, unbezahlte Überstunden leisten und gegen das Arbeitszeitgesetz verstoßen, vergrößert sich. Hier setzt die Forderungen nach einem **„Recht auf Nicht-Erreichbarkeit"** an. Denn Erreichbarkeit ist nicht nur das Abheben des Handys oder das Lesen der E-Mail, sondern zieht in der Regel eine Arbeitshandlung mit sich, unabhängig, ob Beschäftigte einen konkreten Arbeitsauftrag erhalten haben oder nicht. Viele Menschen beantworten auch außerhalb ihren regulären Arbeitszeit berufliche Nachrichten – aus eigenem Antrieb, aus einem bestimmten Verantwortungsgefühl der Sache oder dem Unternehmen gegenüber oder auch aufgrund der Angst, den Arbeitsplatz zu verlieren oder in der Gunst der Führungskraft abzusteigen (Feuchtl et al., 2016). Kann hier ein Recht auf Nicht-Erreichbarkeit helfen?

Das „Recht auf Nicht-Erreichbarkeit" wird auf EU-Ebene gegenwärtig kontrovers diskutiert. Bisher gibt es nämlich kein einheitliches europäisches Gesetz, das ein Recht auf Nicht-Erreichbarkeit festschreibt. Das Europäische Parlament will diesen Umstand ändern und hat deshalb im Jänner 2021 die EU-Kommission dazu aufgefordert, einen Gesetzesvorschlag vorzulegen, der es Beschäftigten erlaubt, ihr Recht auf Nicht-Erreichbarkeit wahrzunehmen, ohne negative Konsequenzen fürchten zu müssen (vgl. Anhang: Bericht mit Empfehlungen an die Kommission zum Recht auf Nicht-Erreichbarkeit). In Frankreich gibt es bereits seit 2016 eine Regelung, die besagt, dass in Betrieben mit mindestens 50 Beschäftigten entsprechende Regelungen zur Nicht-Erreichbarkeit getroffen werden müssen. Ein 2017 verabschiedetes italienisches Gesetz sieht sogar vor, dass eine Betriebsvereinbarung über flexibles Arbeiten technische und organisatorische Maßnahmen beinhalten muss, die eine Nicht-Erreichbarkeit der Beschäftigten während der Ruhezeit gewährleisten. Ähnliche Bestimmungen bestehen auch in Spanien und Belgien (Europäisches Parlament, 2020). Der Betriebsrat eines österreichischen Großunternehmens betont die Bedeutung der Sensibilisierung in Bezug zur Erreichbarkeit außerhalb der Arbeitszeit folgendermaßen:

> „In unserer Betriebsratsarbeit ist Sensibilisierung äußerst wichtig. Die schafft man nur im
> persönlichen Kontakt. Bei uns im Büro ist z. B. klar kommuniziert: Wenn Urlaub ist, ist Ur-
> laub und wenn Freizeit ist, ist Freizeit. (…) Ein Instrument der Sensibilisierung ist das Mitar-
> beitergespräch, denn darin wird unter anderem auch über Urlaub gesprochen. Es wäre schön,
> wenn in das Mitarbeitergespräch in Zukunft auch Sensibilisierungsmaßnahmen für das Recht
> auf Nicht-Erreichbarkeit miteinfließen würden. Und dadurch, dass sich das Mitarbeiterge-
> spräch jährlich wiederholt, glaube ich, wird es irgendwann zur Unternehmenskultur gehören,
> dass man über entgrenzte Arbeitsprozesse nachdenkt. Das ist zwar ein Prozess der länger
> dauert, aber ich sehe gute Chancen darin (anonym, Betriebsrat)."

Unausgesprochene Erwartungen bezüglich der Erreichbarkeit im Homeoffice können zu Irritationen und zu einem Stressempfinden bei Beschäftigten führen. Viele Beschäftigte sind auch außerhalb der Arbeitszeit erreichbar, um negative Auswirkungen auf ihre Karriere zu vermeiden (Feuchtl et al., 2016). Wie wichtig es ist, hier Erwartungen mit der Führungskraft abzuklären, um belastende Gedanken zu verhindern, erzählte uns beispielsweise diese Interviewpartnerin:

> „Die klassische Frage für mich ist, wenn ich nicht am Samstag in der Früh erreichbar bin, ob das dann beruflich negative Konsequenzen für mich hat. Ich mache es meistens so, dass ich mir genau anschaue, in welcher Form ich kontaktiert werde. Ist es ein E-Mail oder ein Anruf? Erst dann entscheide ich, ob ich akut darauf reagieren muss oder nicht. (…) Ich bin in der glücklichen Situation, dass ich meiner Geschäftsleitung sagen kann, dieses E-Mail ist nicht dringend, das muss jetzt nicht unmittelbar beantwortet werden. Diese Herangehensweise hat sich erst in den letzten ein, zwei Monaten eingebürgert, weil ich mich getraut habe, offen auszusprechen ‚Ich kann nicht am Wochenende als Teilzeitperson verfügbar sein für Anfragen, die inhaltlich bis Montag oder Dienstag warten können.' Für mich ist es wichtig, dass ich da diese Grenze ziehe (Mitarbeiterin, E-Learning)."

In der Betriebsvereinbarung wird außerdem die **Ausstattung des Homeofficearbeitsplatzes** thematisiert. Das betrifft Gegenstände wie Arbeitstisch- oder -stuhl, die Beleuchtung, die notwendigen Arbeitsmittel wie Laptop etc. sowie einen Telefon- und Internetanschluss. Im Einzelnen ist festzulegen, ob die Gegenstände vom Arbeitgeber bereitgestellt werden oder es zu einem finanziellen Aufwandersatz kommt. Selten werden jedoch die privaten Arbeitsmittel nach dem Motto **„Bring your own device"** genutzt. Aus arbeitsrechtlicher Perspektive wirft die private Nutzung der Arbeitsmittel einige Fragen zum Datenschutz, zur Datensicherung und dem Schutz personenbezogener Daten auf. Was **datenschutzrechtlich** grundsätzlich erlaubt ist, regeln sowohl die Datenschutz-Grundverordnung der Europäischen Union als auch die nationalen Datenschutzgesetze (RIS, 2022). Bei der Datenverarbeitung sind jedenfalls die Rechtmäßigkeit, die Transparenz, die Zweckbindung, die Datenminimierung und die Speicherbegrenzung einzuhalten (Däubler, 2020). Betriebliche Daten unterliegen grundsätzlich der Geheimhaltung, denn Beschäftigte sind gesetzlich dazu verpflichtet, Geschäfts- und Betriebsgeheimnisse zu bewahren. Sie unterliegen der Verschwiegenheitspflicht (Müller et al., 2022). Daher sollte auf die Verwendung eines starken Passwortes am Laptop zuhause, den Verzicht auf die Speicherung von Firmendaten auf dem Endgerät sowie die Verschlüsselung der Informationskanäle und der Festplatte geachtet werden (Wedde, 2016).

Bei der Einrichtung des häuslichen Arbeitsplatzes sind neben den Arbeitsmitteln auch die **Ergonomie und die Arbeitssicherheit** zentral. Denn auch im Homeoffice gelten die Bestimmungen des Arbeitsschutzes. Eigentlich bedürfte es auch im Homeoffice einer Gefährdungsbeurteilung. Diese beruht im Homeoffice jedoch auf Freiwilligkeit, da eine Besichtigung und Begutachtung der individuellen Wohnverhältnisse gesetzlich nicht vorgesehen ist. Deshalb beschränkte sich beispielsweise das österreichische Arbeitsministerium darauf, eine so genannte Musterevaluierung für Arbeitsplätze im Homeoffice zu empfehlen, deren Inhalt sich auf Bildschirmarbeit, Beleuchtung, Platzverhältnisse und Lufttemperatur bezieht (OGM, 2021). Alternativ kann die Organisation eine Befragung mithilfe eines Formulars wie z. B. „Anforderungen an die Ausgestaltung des Homeoffice-

Arbeitsplatzes" ermitteln (Müller et al., 2022). Grundsätzlich gelten folgende Bestimmungen: Der Raum, in dem man die Arbeit verrichtet, sollte mindestens 8–10 m² haben, belüftbar und geheizt sein sowie Tageslicht enthalten. Der Arbeitstisch sollte Beinfreiheit gewähren, der Bürodrehstuhl höhenverstellbar sein und der Bildschirm die richtige Größe und den richtigen Abstand haben (vgl. dazu z. B. auch für Österreich: https://www.arbeitsinspektion.gv.at).

Die Debatten um die Aufzeichnung der Arbeitszeit zeigen, dass die Beschäftigten im Homeoffice nicht mehr unter der unmittelbaren Aufsicht ihres Vorgesetzten stehen. Das kann dazu führen, dass (digitale) Mechanismen zur Leistungskontrolle eingeführt werden, vor allem dann, wenn wenig Vertrauen herrscht (Felten, 2020). Bestimmte Kontrollmaßnahmen im Homeoffice berühren jedoch die Menschenwürde und sind deshalb abzulehnen. Dazu zählen das heimliche Abhören von Telefongesprächen, die ständige Aufzeichnung mit der Webcam, die dokumentiert, wann Arbeitnehmer*innen vor dem Bildschirm sitzen, sowie die Überwachung durch lückenloses Erfassen der Tastatur- und Mausaktivitäten. Diese Kontrollpraktiken stehen in keinem angemessenen Verhältnis zu einem rechtmäßigen Kontrollzweck. Im Gegenteil, sie greifen in den geschützten Privatbereich der Beschäftigten ein. Diese Kontrollmaßnahmen lassen sich auch nicht mit dem Datenschutzgesetz vereinbaren, denn sie generieren eine Unmenge an personenbezogenen Daten, die den einzelnen Beschäftigten zugeordnet, gespeichert, abgerufen oder ausgewertet werden können (Felten, 2020). Der Betriebs- oder Personalrat muss daher – wenn vorhanden – solchen Kontrollen Einhalt gebieten sowie generell der Einführung von Kontrollmaßnahmen zustimmen (Massolle, 2021). Dadurch entwickelt sich die Arbeitnehmer*innenvertretung zu einem Gestalter der Organisation.

4.5   Der Betriebsrat als Gestalter von New Ways of Working

Der Betriebsrat besitzt in Deutschland und Österreich vielfältige Beteiligungs- und Informationsrechte. Auf betrieblicher Ebene vertritt der von der Belegschaft gewählte Betriebsrat (oder die Personalvertretung) die Interessen der Beschäftigten gegenüber der Organisation. Die Rechte und Pflichten des Betriebsrats sind in Deutschland und Österreich ähnlich ausgestaltet, aber in unterschiedlichen Gesetzen geregelt (Deutschland im Betriebsverfassungsgesetz (REF), in Österreich im Arbeitsverfassungsgesetz (REF). Ab fünf Personen darf in Österreich und Deutschland ein Betriebsrat gegründet werden. In der Schweiz hat die Arbeitnehmer*innenvertretung deutlich weniger Beteiligungs- und Informationsrechte, eine Betriebsratsgründung darf erst in Organisationen ab 50 Personen erfolgen. Betriebliche Interessenvertretung hat in der Schweiz keine lange Tradition, sie wurde erst 1993 gesetzlich verankert.

Betriebliche Mitbestimmung bedeutet die gemeinsame Ausverhandlung von bestimmten arbeitsrechtlichen Themen zwischen Betriebsrat und Unternehmensführung. Die Palette der Themen ist breit und reicht von Fragen zur Arbeitszeit über Homeoffice bis hin zu Maßnahmen der betrieblichen Gesundheitsförderung wie z. B. Zuschusszahlungen zur Bildschirmbrille. Grundsätzlich hat der Betriebsrat ein Überwachungs-, Interventions-Informations- und Beratungsrecht. Zudem besteht ein Mitwirkungsrecht in sozialen, personellen und wirtschaftlichen Angelegenheiten des Unternehmens (Sommer & Beer, 2011). Der Betriebsrat hat vor allem in großen österreichischen und deutschen Organisationen häufig die Rolle des starken Verhandlungspartners, weil er Regeln nicht nur mitverhandelt, sondern auch mitträgt. Durch seine Beteiligung gewinnen Maßnahmen an Legitimität (Flecker, 2017). Oft fungiert er dadurch als Puffer zwischen Belegschaft, Geschäftsleitung und Gewerkschaft. Wie erfolgreich er die Interessen der Beschäftigten vertritt, divergiert stark nach den einzelnen Organisationen. Die Klassifizierung reicht vom ignorierten/isolierten Betriebsrat über den Betriebsrat als Organ der Geschäftsleitung oder den respektierten standhaften bzw. den respektierten zwiespältigen Betriebsrat als Ordnungsfaktor bis zum Betriebsrat als kooperative Gegenmacht zur Geschäftsleitung (Kotthoff, 1994). Die Bandbreite verrät die unterschiedlichen Rollen des Betriebsrates.

> „Die Personalchef*in eines Betriebs weiß viel, aber nicht alles. Der Betriebsrat ist dazu da, die genauen Bedürfnisse der Beschäftigten zu artikulieren, auch gegenüber der Personalabteilung. Dann muss man schauen, was leistbar und machbar ist, und was man gemeinsam umsetzen kann. Ohne Betriebsrat, ohne Vertrauensperson aus der Belegschaft, geht es aus meiner Sicht nicht. Vor allem nicht bei der Umsetzung von Maßnahmen aus der Betrieblichen Gesundheitsförderung, denn viele Wünsche und Vorschläge kommen hier vom Betriebsrat (Robert Zangl, AK Niederösterreich)."

Durch die zunehmende Veränderung der Arbeitswelt bedarf auch der Betriebsrat einer Neugestaltung. Einerseits übernimmt er in Organisationen als Vertretung der Beschäftigten eine Schutzfunktion, andererseits setzt er gemeinsam mit der Geschäftsführung zuvor ausverhandelte Maßnahmen durch und tritt so als Gestalter von Unternehmensprozessen in Erscheinung (Rami & Hunger, 2011). Der Betriebsrat wird dadurch „Co-Manager*in" der Organisation (Prott, 2013), was zu einer Aushöhlung seiner klassischen Schutzfunktion führen kann. In der Praxis bedeutet das zwar erweiterte Mitsprache bei organisationsrelevanten Entscheidungen, gleichzeitig kann es aber auch den Verlust seiner interessenspolitischen Schutzfunktion nach sich ziehen. Die traditionelle Rolle des Betriebsrats (eingebettet in gewerkschaftliche Strukturen und Fraktionen, als Gegenpol der Arbeitgeberseite) weicht seiner faktischen Rolle als rechte Hand des Managements, was in weiterer Folge zu einem Vertrauens- und Legitimitätsverlust aus Sicht der Beschäftigten führen kann (Halgmann, 2019).

In einem traditionellen Rollenverständnis übernimmt der Betriebsrat bei Fragen rund um die Ausgestaltung der Arbeitszeit – ob Gleitzeit, Altersteilzeit, Elternzeit, Vertrauensarbeit, Arbeitszeitverkürzungen oder Homeoffice – eine relevante Rolle. Doch auch hier lassen sich Gegentendenzen erkennen, da viele Beschäftigte die Gründung oder Etablierung eines Betriebsrats nicht (mehr) als notwendig erachten. Zumeist dann nicht, wenn Arbeits- und Beschäftigungsbedingungen von den Beschäftigten selbst und auf individueller Basis ausverhandelt werden möchten (Abel et al., 2005). Nicht selten haben Unternehmen auch alternative Vertretungsangebote implementiert wie z. B. „Mitarbeiterausschüsse" oder „Runde Tische" (Flecker, 2017). Das Problem bei diesen Personalvertretungsformen ist jedoch die mangelnde rechtliche Absicherung, da Beschäftigte nicht automatisch (betriebsrätliche) Mitwirkungsrechte besitzen und deshalb auch nicht gesetzlich geschützt sind.

Die Covid-19-Pandemie hat den Betriebsräten – ebenso den Sozialpartnern – neuen Aufwind beschert. Betriebsräte fungierten darin als wichtiger Ansprechpartner in Sachen Kurzarbeit und Homeoffice. Der Betriebsrat spielt nicht nur eine tragende Rolle bei der Ausgestaltung der Rahmenbedingungen von Veränderungsprozessen in Unternehmen, sondern auch bei der Informationsweitergabe und der Kommunikation mit den Beschäftigten. Die Wahrscheinlichkeit, dass Betriebe flexible Arbeitszeitarrangements für Beschäftigte mit Betreuungspflichten wie Gleitzeit oder Homeoffice anbieten, erhöht sich um 13,9 Prozentpunkte, wenn es einen Betriebsrat gibt (Hans Böckler Stiftung, 2021). Gleichzeitig ist der Betriebsrat selbst vom Wandel der Arbeitswelt betroffen. So erforderten z. B. Betriebsratssitzungen oder Betriebsversammlungen, in denen Beschlüsse gefasst werden, vor der Coronapandemie immer die Anwesenheit vor Ort. Erst seit der Pandemie ist auch der Betriebsrat virtuell beschlussfähig (Däubler, 2021). Einerseits sollte der Betriebsrat zwar neue Arbeitsformen kritisch hinterfragen, aber eben nicht per se verhindern. Gelingen ihm dieser Spagat sowie die Aufrechterhaltung des sozialen Kontakts und die transparente Kommunikation zu allen Stakeholdern, kann er eine wichtige Rolle im Betrieb spielen. Informationen, die von der Unternehmensführung an den Betriebsrat gehen, müssen demnach gut verständlich an die Belegschaft weitergegeben werden. Nicht nur in vielen persönlichen Gesprächen, sondern auch in struktureller Form wie beispielsweise monatlichen oder anlassbezogenen internen Newslettern, einer Betriebsrats-App für Beschäftigte oder durch die Nutzung sozialer Medien und Onlinedienste. Ein erfolgreiches Kommunikationskonzept zielt darauf ab, transparent zu informieren, die Angst vor möglichen Veränderungen und Benachteiligungen zu nehmen und leistet Aufklärungsarbeit. Gerade neue Arbeitswelten und -weisen wie New Ways of Working verlangen nach einer Organisationskultur und vor allem auch nach einer Kommunikationskultur, die den Dialog zwischen Führungskraft, Abteilungen, Teams, Mitarbeiter*innen und Kolleg*innen fördert. Ein moderner Betriebsrat setzt sich proaktiv mit den digitalen Veränderungen der Arbeitswelt auseinander und versucht, die Mitarbeiter*innen bei diesen neuen Arbeitsweisen und Kommunikationsformen zu unterstützen und zu begleiten.

4.6   Klare Kommunikation in unsicheren Zeiten

Die Zeit während der covidbedingten Ausgangsbeschränkungen war von großer Unsicherheit und ständiger Veränderung geprägt. Die Maßnahmen und Richtlinien zum Schutz vor einer Ansteckung änderten sich sehr oft, was bei vielen Menschen das Unsicherheitsgefühl verstärkte. Menschen sind prinzipiell darin bestrebt, Unsicherheit zu reduzieren (Festinger, 1954). Daher versuchen sie, durch das Einholen von zusätzlichen Informationen

Vorhersagbarkeiten zu generieren (Berger & Calabrese, 1975; Hartner-Tiefenthaler et al., 2018). Das soll Ängste nehmen und das Gefühl von Sicherheitsverlust minimieren. In Organisationen spielt die interne Kommunikation gerade in Krisenzeiten eine immense Rolle:

> „Wenn Dinge im Unternehmen nicht kommuniziert werden wie z. B. Neuerungen zu einem aktuellen Thema, dann bleibt etwas auf der Strecke. Denn ich möchte gerne offizielle Informationen zu wichtigen Themen erhalten. Ich selbst habe offene Fragen zu bestimmten Themen, wie Pausenregelungen oder bezüglich Versicherung, Ausstattung oder Unfällen im Homeoffice. Ich finde es also enorm wichtig, dass neue Regelungen und Changeprozesse gut vorbereitet und informationstechnisch begleitet werden. Sonst fehlt etwas sehr schmerzlich (Mitarbeiterin, E-Learning)."

Eine transparente formale Kommunikation ist in Krisenzeiten essentiell. Dabei passiert Kommunikation in einem Top-down-Prozess. Informiert die Organisation ihre Beschäftigten zu spät oder zu wenig umfangreich, trägt das zur Gerüchtebildung und zur Informationsweitergabe durch „Hörensagen" bei. Transparente Informationsweitergabe ist deshalb so wichtig, weil dadurch die Akzeptanz der Beschäftigten für Managemententscheidungen und Changeprozesse erhöht werden kann (Einwiller et al., 2021). Menschen möchten – vor allem in Krisenzeiten – wissen, was im Unternehmen vorgeht oder wie das Unternehmen genau mit der Krise umgeht. Dadurch können sie besser einschätzen und nachvollziehen, welche Entscheidungen und Maßnahmen daraus resultieren. Dass die interne Unternehmenskommunikation während der Pandemie an Bedeutung gewonnen hat, berichten viele Interviewpartner*innen wie auch Barbara Burger, die in der Krise verstärkt auf Kommunikation gesetzt hat:

> „Unser Unternehmen hat ein BRT-Team ins Leben gerufen. BRT ist die Abkürzung für ‚Business Resilience Team.' Dieses BRT-Team hat sich aus Kolleg*innen der unterschiedlichen Standorte und Abteilungen wie Arbeitssicherheit, Marketing, Kommunikation, Human Ressource und Geschäftsführung zusammengesetzt. Es gab wöchentliche Calls mit allen Beschäftigten. Je öfter wir die Calls durchführten, desto mehr Leute haben sich eingewählt. Nach drei Wochen kam das richtig ins Laufen und da haben wir gesehen, dass diese Calls den Großteil unserer Belegschaft wirklich erreicht haben. Selbst die Arbeiter*innen konnten sich zu diesen Calls mit ihrem Handy einwählen. Wir haben immer zeitnah über den aktuellen Stand der Dinge informiert, die Kommunikation hat super funktioniert (Barbara Burger, Lafarge Zementwerke GmbH)."

Kommunikationsformen wie regelmäßige Jour fixes und Newsletter halfen, den Informationsfluss transparenter zu gestalten. Sie wurden auch dort etabliert, wo es sie bis vor der Pandemie kaum gegeben hatte. Auch die technische Ausstattung, um überhaupt virtuell kommunizieren zu können, wurde in zahlreichen Organisationen großflächig angeschafft:

> „Vor der Coronapandemie gab es keine wirklichen Jour-fixe-Termine in der Abteilung bzw. im Team, nur einen unternehmensweiten alle zwei bis drei Monate. Jetzt gibt es tatsächlich jeden Montag eine Abteilungsleiter*innensitzung und zwei bis drei weitere digitale Treffen,

die auch über MS Teams abgewickelt werden, die relativ spontan aus der Eigeninitiative der
Geschäftsführung entstanden sind. (…) Der momentane Geschäftsführer ist sehr digitalaffin
und auch immer interessiert an neuen Technologien und er hat begonnen, diese Sachen zu
implementieren. Ich glaube, von zehn Dingen, die er neu eingeführt hat, sind drei hängen
geblieben, aber die sind auch schon eine große Veränderung, eine große Verbesserung meiner
Meinung nach. Das sind die wöchentlichen Abteilungsleiter*innen-Jour-fixes, dass MS
Teams tatsächlich auch als eine Austauschplattform verwendet wird, dass die Infrastruktur
einfach gegeben ist, dass ich mich auch über MS Teams unterhalten kann und dass wirklich
alle Mitarbeiter*innen eine Kamera und ein Headset haben. Das waren Dinge, die vorher
einfach nicht vorhanden waren, und dadurch war es enorm schwierig, mit den Leuten zu
kommunizieren (Mitarbeiterin, E-Learning)."

Studienergebnisse aus den USA zeigen in diesem Zusammenhang, dass sich das Abklären
der Erwartungen bezüglich der Kommunikation sowohl positiv auf die Qualität als auch
positiv auf die Quantität der Arbeitsleistung der Beschäftigten auswirkt (Shockley et al.,
2021). Je häufiger kommuniziert wird, desto höher ist die Leistung. Zu viel Kommunikation kann allerdings auch einen negativen Effekt nach sich ziehen und zu Erschöpfung
führen – besonders wenn außerhalb der Arbeitszeit kommuniziert wird (Schlachter et al.,
2018). Wichtig ist es daher, die Qualität der Kommunikation zu beachten. Wenn die
Kommunikation gut ist, dann reduziert sich auch die Gefahr von Burnout (Shockley et al.,
2021). Es muss also innerhalb der Organisation, im Team und mit der Führungskraft unbedingt abgeklärt werden, welche Intensität der Kommunikation notwendig ist und wann
man erreichbar sein muss. Das gibt Sicherheit und Struktur für die Beschäftigten und erleichtert die Planbarkeit der Arbeitstätigkeiten. Damit können überlange Arbeitszeiten und
digitaler Präsentismus, die langfristig zu Lasten der Gesundheit gehen, reduziert werden
(Rivera et al., 2020).

> „Ich habe es gerne, wenn Sachen vereinbart sind. Denn es stört mich, wenn mich um halb
> sieben in der Früh an einem Sonntagmorgen jemand ungeplant anruft und sagt ‚Wir kommen
> nicht ins Onlinesystem hinein', ohne dass diese (Ruf-)Bereitschaft zur Erreichbarkeit vorher
> vereinbart wurde. Wenn ich vorher weiß, dass Anrufe auch am Sonntag möglich sind, dann
> stelle ich mir den Wecker oder merke es mir in irgendeiner Art und Weise im Kalender vor.
> Aber dieses Überraschende und zugleich Fordernde ist für mich etwas, das mich sehr auslaugt
> und mitnimmt. Also da hätte ich dann schon gerne Regelungen, und auch gerne was in der
> Hand, dass ich sagen kann ‚So nicht, aber anders schon.' Planbarkeit ist mir eben wichtig. Ich
> kann gerne ein paar Stunden mehr arbeiten, als ich angestellt bin, ich kann auch ein paar
> Stunden weniger arbeiten, als ich angestellt bin. Ich bin da positiv eingestellt und flexibel, ich
> möchte es nur einfach gerne vorher wissen (Mitarbeiterin, E-Learning)."

Viele Organisationen entwickelten erst während der Pandemie dazu ein Problembewusst-
sein. Sie stellten ein breites Unterstützungsangebot für die Mitarbeiter*innen auf die
Beine, um Beruf und Privatleben auch im Homeoffice besser trennen zu können:

> „Lafarge hat seinen Beschäftigten während der Coronapandemie verschiedene Angebote der
> Verhaltensprävention zur Verfügung gestellt. Es gab eine Workshopreihe, wo Strategien vor-
> gestellt wurden, die den Beschäftigten ermöglichen sollte, Privat- und Berufsleben zu tren-

nen. (…) Wir haben also verschiedene Tools angeboten und den Mitarbeiter*innen kommuniziert: Bitte probiert es aus. (…) Grundsätzlich stehen wir auch immer im regen Austausch mit unserer Arbeitsmedizinerin. Je nach Bedarf und dem individuellen Gesundheitszustand der Beschäftigten stellen wir zusätzlich Angebote wie Therapiestunden oder auch die Möglichkeit einer längeren Auszeit oder Urlaubs zur Verfügung (Barbara Burger, Lafarge Zementwerke GmbH)."

Maßnahmen zur ergonomischen Gestaltung des Arbeitsplatzes können von der Organisation nur eingeschränkt getroffen werden, da das Homeoffice ja den privaten Raum betrifft. Die Organisation kann in diesem Zusammenhang meist nur verhaltenspräventiv vorgehen und entsprechend aufklären und informieren. Hier werden die Beschäftigten und die Führungskräfte im Rahmen von Trainings und Coachings angeleitet, ihr Verhalten dementsprechend gesund zu gestalten. Organisiert werden diese Angebote meist von der Personalabteilung (oft auch als Human Ressource Management oder Personalmanagement bezeichnet). Das Personalmanagement erledigt administrative, arbeitsrechtliche, betriebswirtschaftliche, arbeitspsychologische und arbeitsmedizinische Aufgaben (Stock-Homburg, 2013) und schlüpft je nach Tätigkeit in die Rolle des strategischen Partners der Geschäftsführung, des administrativen Experten oder in die Rolle des Ansprechpartners für Beschäftigte (Ulrich et al., 2013). Die Personalabteilung agiert stets in enger Kooperation mit der Geschäftsführung oder dem Vorstand, stimmt sich mit dem Betriebsrat ab und fungiert organisationsseitig als relevante Schnittstelle zwischen Unternehmensführung und Beschäftigten (Rowold, 2015). Hier ist oft auch das Thema der betrieblichen Gesundheitsförderung angesiedelt, deren Ziel es ist, die Gesundheit der Beschäftigten durch Aufklärung, Information und gesundheitsfördernde Angebote am Arbeitsplatz zu erhöhen oder zumindest zu erhalten. Homeoffice kann vor diesem Hintergrund nur dann gut gelingen, wenn die Beschäftigten auf ihre Ressourcen und ihre Gesundheit achten, um auch langfristig leistungsfähig zu bleiben.

Organisationen informieren zu diesem Thema, um ihre Mitarbeiter*innen zu entlasten und gesunde Arbeitsbedingungen zu fördern. Denn der Arbeitgeber ist verpflichtet, die Beschäftigten vor Gefahren am Arbeitsplatz, egal welche Arbeitsform dahintersteht, zu schützen (BMDW, 2018). Durch gezielte Maßnahmen, Rahmenbedingungen und Schulungen wird einerseits die Gesundheit der Beschäftigten bewahrt, und andererseits auch die emotionale Bindung und das Vertrauen in die Organisation gestärkt (Simmel & Graßl, 2019). Maßnahmen des betrieblichen Gesundheitsmanagements sind deshalb nicht nur für die Beschäftigten, sondern auch für die Organisation ein großer Gewinn.

„Die Arbeiterkammer Niederösterreich bietet für uns Mitarbeiter*innen spezielle Homeoffice-Bewegungsangebote digital an. Dabei kann ich selbst entscheiden, wann ich das Bewegungsangebot in Anspruch nehme, da es aufgezeichnet wird und zur Nachschau für alle Mitarbeiter*innen zur Verfügung steht. Ich habe dieses Angebot der Organisation stark genutzt, einfach um in Bewegung zu bleiben, um etwas für den eigenen Rücken zu tun. Gerade in Zeiten, wo die Verunsicherung sehr groß ist, sind diese Angebote eine Bereicherung. Wir haben gelernt, was (digital) alles möglich ist. Man muss sich natürlich als Mitarbeiter*in auch selbst an der Nase nehmen und diese Angebote ausprobieren (Silvia Feuchtl, Leiterin des Projektfonds Arbeit 4.0 der AK Niederösterreich)."

Bewusst Pausen einzulegen zählt zur Gesundheitsprävention und ist gerade im Homeoffice besonders wichtig. Denn Pausen sorgen für die Wiederherstellung von beanspruchten Ressourcen (Ulich & Wülser, 2015). Der Verzicht auf Pausen kann dazu führen, dass alle darauffolgenden Tätigkeiten anstrengender und kräftezehrender werden. Das bedeutet, Arbeit ohne Pause wird schneller anstrengend und weniger effektiv, da Stress kompensiert werden muss (Meijman & Mulder, 1998). Nach 50 Minuten Bildschirmarbeit sollte eine Pause bzw. ein Tätigkeitswechsel von 10 Minuten eingelegt werden. So ist es in Österreich auch gesetzlich verankert. In Deutschland muss der Arbeitgeber regelmäßige Unterbrechungen der Bildschirmarbeitszeit ermöglichen. Allerdings fehlen in der entsprechenden Verordnung Angaben zur Länge der Pausen (BMAS, 2004). In der Schweiz gilt allgemein, dass der Arbeitgeber für eine Vermeidung starker Beanspruchung sorgen muss (Schweizerische Eidgenossenschaft, 2015). Studien zeigen in diesem Zusammenhang, dass mehrere kurze Pausen für die Erholung der Arbeitnehmer*innen besser sind als weniger und dafür längere Pausen (Boucsein & Thum, 1997). Damit Pausen einen gesundheitsfördernden Effekt haben, sollten sie innerhalb des Homeoffice-Arbeitstages einen fixen Platz einnehmen bzw. (mit Hilfe der Kalenderfunktion) eingeplant werden. Erst dann eine Pause zu machen, wenn sie dringend benötigt wird, ist kein erholungsförderndes, sondern ein gesundheitsbeeinträchtigendes Pausenverhalten (Zimmermann, 2016). Die Organisation kann ihre Mitarbeiter*innen unter anderem durch Maßnahmen wie Pausenprotokolle unterstützen, sich aktiv mit ihrem Pausenverhalten im Homeoffice auseinanderzusetzen. Auch in virtuellen Teams ist auf die Einhaltung von Pausen zu achten. Das gegenseitige Animieren, eine kleine Pause beim virtuellen Meeting zu machen, kann dazu beitragen, ein transparentes Pausenverhalten im Unternehmen zu etablieren. Gespräche und Workshops mit Führungskräften zum Thema Pausenverhalten können zudem dabei helfen, zu sensibilisieren und einen gemeinsamen Konsens zur Pausenkultur im Unternehmen herzustellen.

> „Wir bieten unseren Mitarbeiter*innen z. B. wöchentlich bewegte Pausen, Rückenschule und Seminare für Mentaltraining an. Das wird in der Arbeiterkammer Niederösterreich meistens vom Betriebsrat organisiert. Außerdem hat bei uns jede/r Mitarbeiter*in die Möglichkeit, bis zu sechs Coachingstunden in Anspruch zu nehmen, wenn man psychische Unterstützung benötigt. Dieses Angebot ist anonym und wird über den Betriebsrat organisiert (Robert Zangl, Personalchef AK Niederösterreich).“

Die Übungen von der App **swoliba,** die in Kap. 3 beschrieben wurden, sollen ebenfalls Anregungen und Hilfestellungen geben, wie Belastungen im Homeoffice individuell reduziert werden können. Sie helfen beim Abschalten von der Arbeit und unterstützen Beschäftigte dabei, bewusst Pausen einzulegen. Swoliba kann auch ganz einfach im Weiterbildungskatalog der Organisation eingebaut werden, da die App kostenfrei zugänglich ist. Eine Interviewpartnerin, die swoliba bereits intensiv getestet hat, sieht darin eine wertvolle Ergänzung zu anderen Weiterbildungsmaßnahmen und personalisierte sich die App auf ihre individuellen Bedürfnisse:

„Ich habe mir die App swoliba am Anfang so eingerichtet, dass ich ganz viele Übungen zum Durchführen hatte. Erst schrittweise habe ich mir dann jene Übungen ausgesucht, die für mich am besten passten. Und ich habe mir aus den kürzeren Übungen zwei bis drei herausgeschrieben und auf Post-It bei meinem PC platziert. Ich wollte mich dadurch zusätzlich während der Arbeit an die Übungen erinnern. Was mir am meisten zugesagt hat, und wo ich auch gemerkt habe, das hilft mir besonders, ist das ‚Einstimmen auf den Arbeitstag‘ und das ‚Ausklingenlassen vom Arbeitstag‘. Auch die Entspannungsübungen, also gerade diese drei bis fünf Minuten, diese kurzen Übungen, habe ich öfters angewendet, um mich mental zu entspannen (Mitarbeiterin, E-Learning).“

4.7   Führungskräfte als aktive Gestalter der Organisations- und Teamkultur

Vor der Pandemie fanden die Auswirkungen flexibler Arbeit auf Teams nur wenig Beachtung, was möglicherweise damit zusammenhängt, dass der relative Anteil der Teammitglieder, die von zuhause arbeiteten, gering war und die Teamprozesse vor Ort nicht bzw. nur kaum beeinflusste. Während der Pandemie veränderte sich das jedoch maßgeblich und man hatte nicht mehr das Gefühl, dass man im Büro „etwas verpasst“, da die sozialen Prozesse vor Ort komplett eingeschränkt waren. Diese verlagerten sich oft vollständig in die virtuelle Welt. Sogar Kaffeepausen oder „after work drinks“ wurden online abgehalten. Wenn Teams ausschließlich virtuell arbeiten, dann sind sie mit stabileren Bedingungen konfrontiert als flexibel arbeitende Teams, die sowohl von zuhause als auch vor Ort im Büro arbeiten (Fiol & O'Connor, 2005). Daher ist es gerade bei flexibleren Bedingungen besonders wichtig, Erwartungen im Team abzuklären. Das bedeutet: Obwohl die Weichen für Homeoffice auf der organisationalen Ebene gestellt werden, ist für die effektive Zusammenarbeit die Teamebene am relevantesten. Hier entscheidet sich, wie die Betriebsvereinbarungen interpretiert werden und wie New Ways of Working tatsächlich gelebt wird.

„Mit einem leistungsorientierten Zugang haben wir im DACH-Raum ein großes Problem, und das kommt auch zum Teil aus den arbeitsrechtlichen Vorschriften, denn es geht immer nur um Anwesenheitszeit, nicht um Leistung. Homeoffice braucht Vertrauen – Vertrauen, dass die Mitarbeiter*innen ihre Zeit im Homeoffice effektiv für das Unternehmen nutzen und nicht einfach nur zuhause sitzen und ihre Stunden schreiben. Führungskräfte müssen sich hier die Frage stellen: Wie kann ich als Führungskraft die Arbeit so aufbereiten und den Mitarbeiter*innen so übermitteln und kontrollieren, damit ich erkenne, ob sie einen entsprechenden Fortschritt erzielt haben oder nicht? In der Vergangenheit hat sich das einfach darauf beschränkt, dass du geschaut hast, sitzt die/der Mitarbeiter*in an seinem Arbeitsplatz oder nicht. Aber was der oder die weiterbringt, das war nicht so dominant. Und jetzt auf einmal, jetzt weißt du, dass er/sie nicht da ist, und jetzt musst du erst eine andere Form finden, um festzustellen, hat sie oder er jetzt gearbeitet oder nicht (Andreas Ramharter, ILF).“

Trotz der erhöhten Autonomie im Homeoffice brauchen Beschäftigte aufgrund der vielen Unsicherheiten und Herausforderungen die Unterstützung der Führungskraft (Contreras et al., 2020). Wenn Führungskräfte ihre Erwartungen an ihre Mitarbeiter*innen klar kommunizieren, dann wirkt sich das auch positiv auf deren Leistung aus (Shockley et al., 2021). Denn wir wissen, dass Führungskräfte oft sehr unterschiedliche Zugänge zum Thema Homeoffice haben:

> „Die Einstellung zu Homeoffice ist bei unseren Führungskräften sehr unterschiedlich. Es gibt einige Führungskräfte, die haben die Befürchtung, dass Beschäftigte im Homeoffice weniger arbeiten. Für mich stellt sich mehr die Frage ‚Wie messe ich Leistung? Wie überprüfe ich Leistung?' (Julian Jäger, Vorstand Flughafen Wien AG)."

Der Führungskraft kommt hier also eine gestalterische Rolle zu. Sie wird als Repräsentantin der Organisation gesehen und hat oft bei der Entscheidung, ob und wie viel im Homeoffice gearbeitet werden soll, eine Gatekeeperfunktion inne (Chung, 2020; Cooper & Baird, 2015). Obwohl die formale organisationale Ebene gleich ist, werden je nach Führungskraft die tatsächlichen Praktiken des New Ways of Working in den Teams unterschiedlich praktiziert.

> „Ich lasse meinen Mitarbeiter*innen viel Freiraum, diskutiere mit ihnen Strategien, möchte mich aber eigentlich nicht in die Details einmischen. Deshalb glaube ich, dass Führen grundsätzlich von Vertrauen getragen ist. Gutes Führen bedeutet für mich, über Ziele zu reden. Die Herausforderung ist, dass es auch Mitarbeiter*innen gibt, wo diese Art des Führens nicht passt. Und ich glaube, als Führungskraft muss man auch lernen, im eigenen Führungsstil variabel zu sein. Es gibt natürlich Leute, die sehr im Detail führen, die den Mitarbeiter*innen ganz genau sagen, was sie machen sollen und was nicht, es gibt auch Leute, die sich damit wohlfühlen, aber ich bin das nicht (Julian Jäger, Vorstand Flughafen Wien AG)."

Führungskräfte neigen selbst dazu auch außerhalb ihrer Arbeitszeiten für die Belange des Unternehmens verfügbar zu sein. Viele erwarten deshalb diese Erreichbarkeit auch von ihren Mitarbeiter*innen. Doch die Forschung zeigt, dass sich überlange Arbeitszeiten der Führungskräfte negativ auf die Beziehungen mit ihren Teammitgliedern auswirken und damit auch kontraproduktiv sein können (Afota & Vandenberghe, 2022). Unausgesprochene Erwartungen zur Erreichbarkeit außerhalb der Arbeitszeit werden von vielen Beschäftigten als belastend empfunden. Für Führungskräfte ist daher eine transparente, zeitnahe, informative und strukturierte Kommunikation an die Mitarbeiter*innen vor allem im Homeoffice unerlässlich:

> „Es gibt seitens unserer Führungskräfte unterschiedliche Wahrnehmungen zu Homeoffice. Einige Mitarbeiter*innen sagen, in ihren Abteilungen ist das überhaupt kein Problem, die unterstützen Homeoffice. Und andere sagen, das kommt für sie überhaupt nicht in Frage, am liebsten wäre es ihnen, wenn wir wieder auf das Vor-Corona-Modell umsteigen würden, wo alle im Büro waren. Wobei das sehr oft begründet wird durch die Verluste in der Kommunikation. Wir haben insbesondere beim Homeofficebetrieb festgestellt, dass sehr viel Kommunikation, die im Büro unkoordiniert stattfindet, im Homeoffice koordiniert, organisiert werden muss. Das ist der größte Nachteil, den wir in der Heimarbeit sehen. Dem steht gegenüber, dass wir weniger Bürobedarf haben. Wir wollen jetzt vermehrt auch ‚shared workspaces' einführen. Alle diese Modelle hat es bei uns bis jetzt nicht gegeben (Andreas Ramharter, ILF)."

Im virtuellen Raum funktionieren soziale Beziehungen anders als von Angesicht zu Angesicht, Empfindungen des Gegenübers können weniger leicht wahrgenommen werden. Führungskräfte können weniger schnell einschreiten und verlieren durch mangelnden persönlichen Kontakt Teile ihrer Betreuungs- und Kontrollaufgaben (Breisig, 2020). „**Remote leadership**" benötigt also andere Rahmenbedingungen. Denn durch „Führen auf Distanz" verändern sich die Art der Kommunikation mit den Beschäftigten sowie die Mechanismen von Führung (Terkamo-Moisio et al., 2021). Direkte Steuerung ist oft nur eingeschränkt möglich. Vertrauen in die Arbeit(sleistung) der Beschäftigten ist deshalb unumgänglich. Oft müssen sich Führungskräfte darauf verlassen, dass ihre Mitarbeiter*innen einen guten Job machen. Zusätzlich rückt das Ergebnis der Arbeit, die Leistung, in den Fokus. Nicht mehr die Kontrolle oder der tatsächliche Arbeitsaufwand stehen im Vordergrund, sondern das Ergebnis. Vorsicht ist dann geboten, wenn Beschäftigte durch die vorgegebenen Ziele und durch die indirekte Steuerung der Führungskraft so stark unter Druck geraten, dass sie Strategien der interessierten Selbstgefährdung anwenden, um Arbeit bewältigen zu können. Das betont die Rolle der Führungskraft, hier optimale Bedingungen zu schaffen, um vor allem den reibungslosen Informationsfluss in Teams zu gewährleisten. Denn obwohl der direkte, persönliche Austausch zwischen den Teammitgliedern zwar möglich ist, muss er oft aktiv organisiert werden und kann nicht als selbstverständlich betrachtet werden (Waerzner et al., 2017; Hartner-Tiefenthaler et al., subm.).

> „Oft kommt beim virtuellen Arbeiten der soziale Austausch zu kurz, denn durch Homeoffice sind mehr Absprachen notwendig, um Dinge im Team oder auch zu den Führungskräften zu kommunizieren, um Dinge am Laufen zu halten. Oft hatte ich den Eindruck, dass man wirklich darauf achten muss, dass man dieses soziale Gefüge im Team zusammenhält. Dass man sich bewusst Zeit nehmen muss, um sich auszutauschen (Silvia Feuchtl, Leiterin Projektfonds Arbeit 4.0 der AK Niederösterreich)."

Untersuchungen während der Pandemie aus Deutschland zeigen, dass die physische Distanz während des Lockdowns auch das mentale Zugehörigkeitsgefühl zum Team verringert hat (Kompetenznetz Public Health, 2021). Die Führungskraft sollte daher aktiv Maßnahmen setzen, um das Zugehörigkeitsgefühl im Team trotz Abwesenheit im Büro zu stärken. Vor allem dann, wenn der Großteil der Arbeitszeit im Homeoffice verbracht wird oder durch externe Umstände wie Kurzarbeit oder Lockdownphasen verstärkt wird. Denn soziale Konnektivität kann auch digital hergestellt werden. Es ist nicht nötig zu warten, bis sich alle wieder im Büro treffen. Eine Möglichkeit, informale Begegnungen zu stärken und gezielt zu implementieren, ist die Einrichtung einer virtuellen Morgenkaffeerunde, bei der alle Teammitglieder sich austauschen und gemeinsam aktuelle Themen besprechen können. Auch die virtuelle Lunchpause oder ein kurzes After-Work-Meeting kann eine Möglichkeit sein, die informalen Beziehungen zu fördern und die Verbundenheit zur Organisation und zum Team zu stärken.

„Auch im Homeoffice treffen wir uns im Team immer wieder mal zu Mittag, weil wir bewusst gesagt haben, wir möchten virtuell die Mittagspause miteinander verbringen. Wir Menschen sind ja Gewohnheitstiere und soziale Wesen, wir benötigen den Austausch miteinander. Im informellen Rahmen entstehen auch viele neuen Ideen für die Arbeit, oder oft ist es ein Mix, man redet über Privates und dann fällt einem wieder etwas zur Arbeit ein. Aber so Pausen gemeinsam zu verbringen, gerade auch die Mittagspause, habe ich als sehr wertvoll empfunden (Silvia Feuchtl, Leiterin Projektfonds Arbeit 4.0 der AK Niederösterreich)."

Führungskräfte müssen also aktiv die soziale Interaktion im Team steuern, um sozialer Isolation im Homeoffice vorzubeugen. Sie können ihre Teammitglieder ermutigen, sich auszutauschen, und Arbeitsaufträge so anlegen, dass ein sozialer Austausch dabei nötig ist (Kordsmeyer et al., 2018). Dabei sensibilisieren sie für das Thema und schaffen Strukturen und Ressourcen, die das Arbeiten im Homeoffice erleichtern. Außerdem sollen Führungskräfte ihre Mitarbeiter*innen an die Relevanz von gesundem Verhalten erinnern und gegebenenfalls auf stattfindende Schulungen, die in der Organisation angeboten werden (z. B. zu arbeitsorganisatorischen Kompetenzen, zur Stressbewältigung, zum Umgang mit IKT und Erreichbarkeit), hinweisen. Der unmittelbaren Führungskraft kommt damit eine bedeutende Rolle für die Gesundheit im Homeoffice zu, die immer wieder reflektiert werden sollte:

„Feedback und Reflexion, auch der Führungskräfte ist sehr wichtig. Deshalb machen wir immer wieder Gesprächs- und Diskussionsrunden, wo thematisiert wird, was falsch gelaufen ist und was man im Nachhinein (z. B. beim Umstieg auf Homeoffice) anders machen würde. Eigentlich können wir uns ,auf die Schulter klopfen', denn ich denke, wir haben den Umstieg auf Homeoffice, in unserer spontanen Art, Dinge möglichst einfach handzuhaben, sehr gut gemeistert. Es muss funktionieren, ohne schwerfällige Prozesse. Das ist ja immer die Gefahr bei einem Konzern, dass bei notwendigen Veränderungen schwerfällige Prozesse ins Leben gerufen werden und schwer ,handelbar' sind. Wir haben auch in dem ersten Lockdown gesagt, Zeiterfassung wird jetzt einfach mal ausgelassen. Schreibt händisch die Zeit mit, tragt sie selber ein, der Vorgesetzte soll nur kurz darüber schauen, freigeben, aus (Barbara Burger Lafarge Zementwerke GmbH)."

4.8   Teams entwickeln in Richtung New Ways of Working

Um die Vorteile der Flexibilität von New Ways of Working zu maximieren und die Nachteile in Grenzen zu halten, braucht es in den Teams klare Vorgaben und die Abklärung der Erwartungen (Zafari et al., 2019). Um diese in den Teams auszuarbeiten, bietet sich beispielsweise ein strukturierter Teamreflexionsprozess an. Dieser ist als dynamischer Prozess zu verstehen, der auf eine kontinuierliche Verbesserung der Zusammenarbeit abzielt (Hinsz et al., 1997; Konradt et al., 2016). Das Herzstück beinhaltet die Reflexion der vorherrschenden Strategien und Verhaltensweisen im Team (Konradt et al., 2016) und die Vereinbarung und Definition von Interaktionsskripten, welche handlungsanleitend wirken (Baumgaertner & Hartner-Tiefenthaler, 2022). Dabei ist es wichtig, die unterschiedlichen Präferenzen und Bedürfnisse der einzelnen Teammitglieder in Einklang mit den Teamerfordernissen zu bringen und ein gemeinsames Verständnis, wie zeitliche und örtliche Flexibilität organisiert werden soll, zu erzeugen. Der Reflexion der Kommunikation im Team kommt hierbei eine besondere Rolle zu, da durch das Hinterfragen der bestehenden Kommunikationspraktiken automatisch auch die Beziehungen zwischen den Teammitgliedern adressiert werden.

Es könnte beispielsweise sein, dass sich im Team bereits Praktiken einer ständigen Verfügbarkeit etabliert haben und die implizite Erwartung an andere besteht, dass auch außerhalb der Arbeitszeit E-Mails beantwortet werden (sollen). Solche Dynamiken lassen sich auf individueller Ebene kaum verändern (Baumgaertner & Hartner-Tiefenthaler, 2022). Dazu wird eine Vereinbarung auf der Teamebene nötig. So können z. B. in einem strukturierten Prozess Interaktionsskripte definiert werden, die Klarheit herstellen und die zukünftige Zusammenarbeit erleichtern sollen. **Interaktionsskripte** sind internalisierte kognitive Schemata, die darüber informieren, welches Verhalten für die jeweilige Situation oder den jeweiligen Kontext angemessen ist (Lee et al., 2020). Sie zielen darauf ab, positive Veränderungen in der Beziehungsdynamik des zwischenmenschlichen Austauschs zu bewirken, und sind besonders für neue Situationen geeignet, um Richtlinien für die Interaktion im Team zu generieren (Lee et al., 2020).

Durch die Pandemie wurden die Grundfesten des Zusammenarbeitens in den Teams erschüttert. Das verunsichert zwar einerseits, aber auf der anderen Seite birgt es auch die Chance, neue Verhaltensweisen im Team zu legitimieren, die die jeweiligen Bedürfnisse und Präferenzen der einzelnen Teammitglieder (besser) berücksichtigen. Dieser Reflexionsprozess zielt also nicht darauf ab, per se die Autonomie der Beschäftigten einzuschränken, sondern es soll eine gemeinsame Abstimmung und Vereinbarung im Team erreicht werden. Sind die Erwartungen klar, dann wird auch das Verhalten anderer vorhersehbarer und das eigene Verhalten planbarer (Baumgaertner & Hartner-Tiefenthaler, 2022). Denn sobald ich mir herausnehme, autonom und flexibel zu arbeiten, reduziere ich möglicherweise die Autonomie meiner Kolleg*innen und wie es Herr Ramharter in seinem Interview ausdrückt, „Es gibt im Leben keine Einbahnstraßen":

> „Ich bin schon eher einer, der dazu neigt, den Mitarbeiter*innen viel Freiraum zu geben, weil ich mir denke, es gibt im Leben keine Einbahnstraßen, oder zumindest keine, die nachhaltig funktionieren. Eine Einbahn, die funktioniert immer nur bedingt, bis irgendwer drauf kommt, dass er sich in einer Einbahnstraße befindet, und dann eine Alternative sucht. Also ich bin eher der, der sagt, ich verlange von meinen Mitarbeiter*innen viel, aber im Gegenzug muss ich ihnen auch etwas dafür geben, z. B. Flexibilität. Und nachdem ich selbst ergebnisorientiert arbeite, ist das für mich immer schon egal gewesen, wo und wann jemand arbeitet. Ich bin z. B. ein großer Fan von einer Gleitzeitregelung oder Zeitausgleichsregelungen. Da sehe ich das Homeoffice als ein weiteres Element. (…) Ich glaube, wir müssen diese Balance finden, dass die Integration im Unternehmen gewahrt bleibt und auf der anderen Seite die Leute doch das Gefühl haben, dass sie ihre persönlichen Bedürfnisse besser mit dem Job kombinieren können, und dass es egal ist, wenn jemand am Vormittag einen privaten Termin hat. Mir persönlich ist dann nur wichtig, dass die anfallenden Stunden der Firma nicht verrechnet werden, sondern dass es transparent dokumentiert wird. Die fehlen-

den Stunden kann der/die Mitarbeiter*in dann gerne auch am Abend nachholen oder wann immer er oder sie Zeit dafür hat. Da finde ich, da müssten die arbeitsrechtlichen Bedingungen auch angepasst werden. Da geht es ja nicht darum, Mitarbeiter*innen auszubeuten, sondern um echte Flexibilität für Beschäftigte zu ermöglichen (Andreas Ramharter, ILF Group GmbH)."

Um die Abstimmung im Team möglichst effektiv und effizient zu gestalten, ist es im ersten Schritt wichtig, die jeweiligen Bedürfnisse und Erwartungen der Teamkolleg*innen besser verstehen zu können. Daher soll es in diesem Teamreflexionsprozess zunächst darum gehen, zu erfahren, welche Erwartungen implizit vorhanden sind und welche Strategien die einzelnen Teammitglieder anwenden, um Arbeitszeit und Arbeitsort auf ihre individuellen privaten und beruflichen Bedürfnisse anzupassen (z. B. *„Ich arbeite am liebsten früh am Morgen und möchte nach 19 Uhr nicht mehr mit Arbeit belangt werden"*). Ein Austausch darüber führt zu einem gemeinsamen Verständnis im Team und legt den Grundstein für einen ehrlichen und offenen Austausch zu diesem Thema. Denn Menschen und ihre Bedürfnisse sind unterschiedlich:

„Ich denke, der Erfolg von Homeoffice hängt sehr stark von der persönlichen Situation der Beschäftigten ab. Es macht einen großen Unterschied, ob ich allein daheim bin oder Kinder mit Homeschooling zuhause habe, ob ich ein eigenes Arbeitszimmer und eine optimale Arbeitsumgebung habe oder am Küchentisch arbeite. Was man als Unternehmen und als Führungskraft beachten muss, ist zu schauen, dass die Kommunikation nicht darunter leidet. De facto wird nämlich die Kooperation innerhalb eines Bereichs oder einer Abteilung schwieriger, wenn man sich nicht sieht. Außerdem gehen die Zwischentöne ein bisschen verloren, und darum ist es auch wichtig, dass man gut organisiert ist und die Tage plant, wo alle da sind, um das Zwischenmenschliche zu fördern (Julian Jäger, Vorstand Flughafen Wien AG)."

Von den individuellen Bedürfnissen ausgehend sollen auf der Teamebene gemeinsame Vereinbarungen für die Zusammenarbeit getroffen werden. Es geht nicht darum, strenge Verhaltensregeln zu definieren, an die sich jedes Teammitglied halten muss, sondern vielmehr darum, ein Verständnis für die Gründe zu schaffen, die hinter den individuellen Strategien zur Arbeitsgestaltung stehen. Konkret werden beispielsweise Nutzungsstrategien des flexiblen Arbeitens (z. B. max. zwei Tage pro Woche im Homeoffice) oder auch die Art der Kommunikation (z. B. Meetings aktiv im Kalender – auch für andere – sichtbar machen) thematisiert. Hier ist es wichtig, zwar Anleitung für die Zusammenarbeit zu bieten, aber die Regeln auch nicht zu strikt zu formulieren, um die gewünschte Autonomie nicht unnötig einzuschränken. Eine mögliche Regel könnte beispielsweise sein: „Das gesamte Team arbeitet mittwochs vor Ort, um den direkten Austausch zu fördern". Die Möglichkeit, die Perspektive der anderen Teammitglieder zu berücksichtigen, fördert das Verständnis und hilft, die Strategien der Kolleg*innen hinsichtlich des flexiblen Arbeitens zu verstehen. Die Klärung soll einerseits Vertrauen generieren und andererseits die Unsicherheit in Bezug auf die Erwartungen (der Führungskraft) reduzieren, was letztlich dabei hilft, einen besseren Arbeitsplatz zu schaffen (Parker et al., 2008), da Vorhersehbarkeit und

Transparenz eine entscheidende Rolle im Prozess der Bewältigung von Arbeitsanforderungen spielen (McGrath & Beehr, 1990; Sonnentag & Frese, 2003).

Nachdem die Regeln für die Zusammenarbeit definiert wurden, geht es an die Umsetzung in der Praxis. Je mehr sich die Führungskraft selbst an die vereinbarten Regeln hält, desto eher werden sich auch die Teammitglieder daran halten. Außerdem ist es wichtig, dass die Führungskraft das Einhalten der Regeln regelmäßig einfordert. Der Regel wird damit externe Legitimität zugesprochen (Lee et al., 2020). Insbesondere in der Anfangsphase des Prozesses ist es wichtig, dass darauf geachtet wird, dass die vereinbarten Regeln auch eingehalten werden. Wichtig ist es, dass die Teammitglieder die Hintergründe für die Regeln kennen. Denn wenn die Einhaltung als riskant eingeschätzt wird, dann wird eine Veränderung des Verhaltens unwahrscheinlich (Lee et al., 2020).

Der Führungskraft kommt daher nicht nur während des Reflexivitätsprozesses eine bedeutende Rolle zu, sondern auch danach, da sie die Möglichkeit hat, das von den Vereinbarungen abweichende Verhalten zu sanktionieren. Dennoch ist es wichtig, diesen Reflexionsprozess als etwas Kontinuierliches zu betrachten. Manche Regeln werden über die Zeit hinweg obsolet oder bedürfen einer Anpassung. Wir betrachten es als die Aufgabe der Führungskraft, sich der Notwendigkeit einer Neuformulierung der Interaktionsskripte bewusst zu werden und einen neuerlichen Reflexivitätsprozess zu initiieren (Baumgaertner & Hartner-Tiefenthaler, 2022). Die Führungskraft kann somit als Initiatorin gesehen werden, um die Interaktionsskripte iterativ und kontinuierlich zu reflektieren und beobachtete Diskrepanzen zwischen dem Ist-Zustand und dem definierten Soll-Zustand zu adressieren. Ziel soll es allerdings sein, auf Nachhaltigkeit abzuzielen, sodass das Arbeiten im Homeoffice auch über eine längere Zeit hinweg gesund möglich ist:

„Ich wünsche mir eine klare mittelfristige Perspektive aller Arbeitenden. ‚Dummheit, dein Name ist Kurzsichtigkeit' hat mein Großvater immer gesagt, und das gilt auch für die Selbstführung im Homeoffice. Dieses kurzsichtige Selbstmanagement, wo ich nur jetzt heraushole, was geht, das ist nicht einmal jetzt effizient, aber schon gar nicht auf Dauer. Wenn eine solche Mittelfristperspektive Common Sense wäre, dann würden sich Beschäftigte auch nicht mit einer teilweise grauenhaften Ergonomie zuhause zufriedengeben. Diese kleinen Dinge sind genauso wichtig wie die größeren Fragen: Wie oft brauche ich Urlaub? Wie oft brauche ich Pausen? Wie viel Privatleben brauche ich, damit meine Gesundheit, mein soziales und psychisches Gleichgewicht intakt bleiben? (Andreas Kremla, Health Consult GmbH)."

Literatur

Abel, J., Ittermann, P., & Pries, L. (2005). Erwerbsregulierung in hochqualifizierter Wissensarbeit – Individuell und kollektiv, diskursiv und partizipativ. *Industrielle Beziehungen, 12*(1), 28–50.

Afota, M., & Vandenberghe, C. (2022). Supervisors' overtime hours, abusive supervision and leader–member exchange: How supervisors' long work hours harm their relationships with subordinates. *Canadian Journal of Administrative Sciences/Revue Canadienne des Sciences de l'Administration.* https://doi.org/10.1002/cjas.1677

Aiello, J. R., & Kolb, K. J. (1995). Electronic performance monitoring and social context: Impact on productivity and stress. *Journal of Applied Psychology, 80*(3), 339–353. https://doi.org/10.1037/0021-9010.80.3.339

Alvesson, M., & Kärreman, D. (2004). Interfaces of control. Technocratic and socio-ideological control in a global management consultancy firm. *Accounting, Organizations and Society, 29*(3–4), 423–444. https://doi.org/10.1016/s0361-3682(03)00034-5

Alvesson, M., & Willmott, H. (2002). Identity regulation as organizational control: Producing the appropriate individual. *Journal of Management Studies, 39*(5), 619–644. https://doi.org/10.1111/1467-6486.00305

Amick, B. C., & Smith, M. J. (1992). Stress, computer-based work monitoring and measurement systems: A conceptual overview. *Applied Ergonomics, 23*(1), 6–16. https://doi.org/10.1016/0003-6870(92)90005-G

Avolio, B. J., Kahai, S., & Dodge, G. E. (2000). E-leadership: Implications for theory, research, and practice. *The Leadership Quarterly, 11*(4), 615–668. https://doi.org/10.1016/S1048-9843(00)00062-X

Bailey, D. E., & Kurland, N. B. (2002). A review of telework research: Findings, new directions, and lessons for the study of modern work. *Journal of Organizational Behavior, 23*(4), 383–400.

Barker, J. R. (1993). Tightening the iron cage: Concertive control in self-managing teams. *Administrative Science Quarterly, 38*(3), 408–437. https://doi.org/10.2307/2393374

Baumgaertner, M., & Hartner-Tiefenthaler, M. (2022). Tackling the autonomy paradox: A team alignment perspective on the use of time-spatial flexibility in J.H. In B. M. Dulebohn & D. L. Stone (Hrsg.), *Managing team centricity in modern organizations*. Information Age Publishing.

Berger, C. R., & Calabrese, R. J. (1975). Some explorations in initial interaction and beyond: Toward a developmental theory of interpersonal communication. *Human Communication Research, 1*(2), 99–112.

Bhave, D. P. (2014). The invisible eye? Electronic performance monitoring and employee job performance. *Personnel Psychology, 67*(3), 605–635. https://doi.org/10.1111/peps.12046

Boucsein, W., & Thum, M. (1997). Design of work/rest schedules for computer work based on psychophysiological recovery measures. *International Journal of Industrial Ergonomics, 20*, 51–57.

Breisig, T. (2020). Führung auf Distanz und gesunde Führung bei mobiler Arbeit. *Zeitschrift für Arbeitswissenschaft, 74*(3), 188–194. https://doi.org/10.1007/s41449-020-00219-6

Bundesministerium für Arbeit und Soziales. (2004, August). *Arbeitsstättenverordnung* (BGBl. I S. 2179). https://www.bmas.de/SharedDocs/Downloads/DE/Publikationen/A225-arbeitsstaettenverordnung.pdf;jsessionid=4EE28F6BC336DC1B4E948C17B2ABCEE2.delivery1-master?__blob=publicationFile&v=1

Bundesministerium für Digitalisierung und Witschaftsstandort. (2018, Juni). *Wettbewerbsfähigkeit österreichischer Unternehmen, insbesondere KMU.* https://www.bmdw.gv.at/dam/jcr:ab0e8af1-8d94-41af-a80b-c8de4994fdbd/Digitalisierung_Endbericht_FINAL_barrierefrei.pdf.

Chung, H. (2020). Gender, flexibility stigma and the perceived negative consequences of flexible working in the UK. *Social Indicators Research, 151*, 521–545. https://doi.org/10.1007/s11205-018-2036-7

Contreras, F., Baykal, E., & Abid, G. (2020). E-leadership and teleworking in times of COVID-19 and beyond: What we know and where do we go. *Frontiers in Psychology, 11*. https://doi.org/10.3389/fpsyg.2020.590271

Cooper, R., & Baird, M. (2015). Bringing the "right to request" flexible working arrangements to life: From policies to practices. *Employee Relations, 37*(5), 568–581. https://doi.org/10.1108/ER-07-2014-0085

Däubler, W. (2020). *Arbeitsrecht in Zeiten der Corona-Krise*. Beltz.

Däubler, W. (2021). *Interessenvertretung durch Betriebsrat und Gewerkschaften im digitalen Betrieb*. Bund-Verlag.

Daum, M., Wedel, M., Zinke-Wehlmann, C., & Ulbrich, H. (2020). *Gestaltung vernetzt-flexibler Arbeit*. Springer Publishing.

De Menezes, L. M., & Kelliher, C. (2017). Flexible working, individual performance, and employee attitudes: Comparing formal and informal arrangements. *Human Resource Management, 56*, 1051–1070. https://doi.org/10.1002/hrm.21822

Dimitrova, D. (2003). Controlling teleworkers: Supervision and flexibility revisited. *New Technology, Work & Employment, 18*(3), 181. https://doi.org/10.1111/1468-005X.00120

dpa. (2022). *Minister Heil will Rechtsanspruch auf Homeoffice*. Die Zeit. https://www.zeit.de/zustimmung?url=https%3A%2F%2Fwww.zeit.de%2Fnews%2F2022-01%2F12%2Farbeitgeber-lehnen-rechtsanspruch-auf-homeoffice-ab

Edmondson, A. (1999). Psychological safety and learning behaviour in work teams. *Administrative Science Quarterly, 44*(2), 350–383. https://doi.org/10.2307/2666999

Einwiller, S., Ruppel, C., & Stranzl, J. (2021). Achieving employee support during the COVID-19 pandemic – the role of relational and informational crisis communication in Austrian organizations. *Journal of Communication Management, 25*(3), 233–255.

Eisenhardt, K. M. (1985). Control: Organizational and economic approaches. *Management Science, 31*(2), 134–149.

Etzioni, A. (1964). *Modern organizations*. Prentice-Hall.

Europäisches Parlament. (2020, Dezember 04). *BERICHT mit Empfehlungen an die Kommission zum Recht auf Nichterreichbarkeit*. © Europäische Union 2020 – Quelle: Europäisches Parlament. https://www.europarl.europa.eu/doceo/document/A-9-2020-0246_DE.html. Zugegriffen am 14.06.2022.

Felten, E. (2020, Juni). Home-Office und Arbeitsrecht. *DRdA – Das Recht der Arbeit*. https://www.drda.at/a/391_DRDA_1/Home-Office-und-Arbeitsrecht. Zugegriffen am 14.06.2022.

Festinger, L. (1954). A theory of social comparison processes. *Human Relations, 7*(2), 117–140. https://doi.org/10.1177/001872675400700202

Feuchtl, S., Hartner-Tiefenthaler, M., & Koeszegi, S. (2016). Erreichbarkeit außerhalb der Arbeitszeit: Ergebnisse einer quantitativen Fragebogenstudie in Niederösterreich. *WISO, 39*, 69–82.

Fiol, M., & O'Connor, E. J. (2005). Identification in face-to-face, hybrid, and pure virtual teams: Untangling the contradictions. *Organization Science, 16*(1), 19–32. https://doi.org/10.1287/orsc.1040.0101

Flecker, J. (2017). *Arbeit und Beschäftigung*. UTB.

Fleming, P., & Sturdy, A. (2010). 'Being yourself' in the electronic sweatshop: New forms of normative control. *Human Relations, 64*(2), 177–200. https://doi.org/10.1177/0018726710375481

Gibson, C. B., & Manuel, J. A. (2003). Building trust effective multicultural communication processes in virtual teams. In *Virtual teams that work: Creating conditions for virtual team effectiveness* (S. 59–86). Jossey-Bass.

Gogola, M., & Döller, F. (2021, Februar 09). *Neue Regeln für die Arbeit im Homeoffice*. Arbeit&Wirtschaft Blog. https://awblog.at/neue-regeln-fuer-arbeit-im-homeoffice/. Zugegriffen am 17.05.2022.

Goold, M., & Quinn, J. J. (1990). The paradox of strategic controls. *Strategic Management Journal, 11*(1), 43–57. https://doi.org/10.1002/smj.4250110104

Halgmann, M. (2019). *Der Einfluss Der Betriebsräte Auf Personalstrategien Im Betrieb (German Edition)*. Rainer Hampp.

Hans Böckler Stiftung. (2021, Januar). *Frauen in der Coronakrise stärker belastet*. boeckler.de. https://www.boeckler.de/de/boeckler-impuls-frauen-in-der-coronakrise-starker-belastet-29949.htm. Zugegriffen am 17.05.2022.

Hartner-Tiefenthaler, M., Roetzer, K., Bottaro, G., & Peschl, M. F. (2018). When relational and epistemological uncertainty act as driving forces in collaborative knowledge creation processes among university students. *Thinking Skills and Creativity, 28*, 21–40. https://doi.org/10.1016/j.tsc.2018.02.013

Hartner-Tiefenthaler, M., Goisauf, M., Gerdenitsch, C., & Koeszegi, S. T. (2021). Remote working in a public bureaucracy: Redeveloping practices of managerial control when out of sight. *Frontiers in Psychology, 12*. https://www.frontiersin.org/article/10.3389/fpsyg.2021.606375

Hauser, E., & Schlömer, S. (2015, Oktober 19–23). *Erfolgreiche Führung in einer unübersichtlichen Welt – worauf es sich zu achten lohnt und welche Kompetenzen bald besonders wichtig werden* [Beitrag für den Tagungsband]. 3rd WORLDCONGRESS ON EXCELLENCE, Chandigarh, Indien.

Hinsz, V. B., Tindale, R. S., & Vollrath, D. A. (1997). The emerging conceptualization of groups as information processors. *Psychological Bulletin, 121*(1), 43–64. https://doi.org/10.1037/0033-2909.121.1.43

Jarvenpaa, S. L., & Shaw, T. R. (1998). Global virtual teams: Integrating models of trust. In P. Sieber & J. Griese (Hrsg.), *Organizational virtualness* (S. 35–51). Simowa.

Jeske, D., & Santuzzi, A. M. (2015). Monitoring what and how: Psychological implications of electronic performance monitoring. *New Technology, Work & Employment, 30*(1), 62–78. https://doi.org/10.1111/ntwe.12039

Kelliher, C., & Anderson, D. (2010). Doing more with less? Flexible working practices and the intensification of work. *Human Relations, 63*(1), 83–106. https://doi.org/10.1177/0018726709349199

Kingma, S. (2019). New ways of working (NWW): Work space and cultural change in virtualizing organizations. *Culture and Organization, 25*(5), 383–406. https://doi.org/10.1080/14759551.2018.1427747

Kompetenznetz Public Health COVID-19. (2021, November 17). *Gesundheitsfördernde Führung von Teams im Homeoffice.* www.public-health-covid19.de. https://www.public-health-covid19.de/images/2021/Ergebnisse/Handreichung_V5_Gesundheitsfrdernde_Fhrung_von_Teams_Homeoffice_061221.pdf. Zugegriffen am 27.04.2022.

Konradt, U., Otte, K.-P., Schippers, M. C., & Steenfatt, C. (2016). Reflexivity in teams: A review and new perspectives. *The Journal of Psychology, 150*(2), 153–174. https://doi.org/10.1080/00223980.2015.1050977

Kordsmeyer, A. C., Mette, J., Harth, V., & Mache, S. (2018). Arbeitsbezogene Belastungsfaktoren und Ressourcen in der virtuellen Teamarbeit. *Zentralblatt für Arbeitsmedizin, Arbeitsschutz und Ergonomie, 69*(4), 239–244. https://doi.org/10.1007/s40664-018-0317-2

Kotthoff, H. (1994). *Betriebsräte und Bürgerstatus: Wandel und Kontinuität betrieblicher Mitbestimmung.* Hampp.

Kowatsch, T., & Dunst, C. (2022, April 26). *Homeoffice – 2 Seiten einer Medaille.* Arbeit&Wirtschaft Blog. https://awblog.at/homeoffice-2-seiten-einer-medaille/. Zugegriffen am 17.05.2022.

Kunda, G. (1995). Engineering culture: Control and commitment in a high-tech corporation. *Organization Science, 6*(2), 228–230.

Kurland, N. B., & Cooper, C. D. (2002). Manager control and employee isolation in telecommuting environments. *Journal of High Management Research, 13*, 107–126.

Lang, M., & Wagner, R. (2020). *Das change management workbook.* Carl Hanser.

Lee, M. Y., Mazmanian, M., & Perlow, L. (2020). Fostering positive relational dynamics: The power of spaces and interaction scripts. *Academy of Management Journal, 63*(1), 96–123. https://doi.org/10.5465/amj.2016.0685

Lengen, J. C., Kordsmeyer, A.-C., Rohwer, E., Harth, V., & Mache, S. (2021). Soziale Isolation im Homeoffice im Kontext der COVID-19-Pandemie. *Zentralblatt für Arbeitsmedizin, Arbeitsschutz und Ergonomie, 71*(2), 63–68. https://doi.org/10.1007/s40664-020-00410-w

Massolle, J. (2021, August). *Die Transformation von Arbeit mitgestalten (Nr. 41)*. Hans-Böckler-Stiftung. https://www.imu-boeckler.de/fpdf/HBS-008086/p_mbf_praxis_2021_41.pdf

McGrath, J. E., & Beehr, T. A. (1990). Time and the stress process: Some temporal issues in the conceptualization and measurement of stress. *Stress Medicine, 6*(2), 93–104. https://doi.org/10.1002/smi.2460060205

Meijman, T. F., & Mulder, G. (1998). Psychological aspects of workload. In P. J. D. Drenth & H. Thierry (Hrsg.), *Handbook of work and organizational psychology, vol. 2: Work psychology* (S. 5–33). Psychology Press.

Müller, R., Pfeil, W. J., & Manz'sche Verlags- und Universitätsbuchhandlung. (2022). *Der SV-Komm*. Beltz.

Munzinger, P., Pantel, N., & Pfaff, I. (2021, März 24). *Schulen in Frankreich und der Schweiz: Offen trotz Corona. Süddeutsche.de*. https://www.sueddeutsche.de/politik/schulen-lockdown-frankreich-1.5244743

Ocasio, W. C., & Wohlgezogen, F. (2010). Attention and control. In L. Sitkin, L. Cardinal, & K. Bijlsma-Frankema (Hrsg.), *Control in organizations: New directions for research* (S. 191–221). Cambridge University Press.

von der Oelsnitz, D. (2009). *Die innovative Organisation*. Kohlhammer.

OGM. (2021, März). *Homeoffice: Verbreitung, Gestaltung, Meinungsbild und Zukunft*. Bundesministerium für Arbeit. https://www.bma.gv.at/Services/News/Homeoffice-Studie.html

Ouchi, W. G. (1980). Markets, bureaucracies, and clans. *Administrative Science Quarterly, 25*(1), 129–141. https://doi.org/10.2307/2392231

Parker, S. K., Atkins, P. W., & Axtell, C. M. (2008). 5 building better workplaces through individual perspective taking: A fresh look at a fundamental human process. *International review of industrial and organizational psychology, 23*, 149.

Peters, P., Ligthart, P. E. M., Bardoel, A., & Poutsma, E. (2016). 'Fit' for telework'? Cross-cultural variance and task-control explanations in organizations' formal telework practices. *The International Journal of Human Resource Management, 27*(21), 2582–2603. https://doi.org/10.1080/09585192.2016.1232294

Piccoli, G., & Ives, B. (2003). Trust and the unintended effects of behavior control in virtual teams. *MIS Quarterly, 27*(3), 365. https://doi.org/10.2307/30036538

Pirntke, G. (2007). *Moderne Organisationslehre. Aktuelle Konzepte und Instrumente* (Bd. 25.). Expert.

Prott, J. (2013). *Zukunft für Betriebsräte – Perspektiven gewerkschaftlicher Betriebspolitik*. Westfälisches Dampfboot.

Rami, U., & Hunger, A. (2011). Reden wir über uns und unsere Arbeit– Die Informationstätigkeit des Betriebsrats aus kommunikationstheoretischer Sicht. *WISO, 34*(4), 113–132.

RIS. (17.05.2022). *RIS – Datenschutzgesetz – Bundesrecht konsolidiert*. https://www.ris.bka.gv.at/GeltendeFassung.wxe?Abfrage=Bundesnormen&Gesetzesnummer=10001597. Zugegriffen am 17.05.2022.

Rivera, A. S., Akanbi, M., O'Dwyer, L. C., & McHugh, M. (2020). Shift work and long work hours and their association with chronic health conditions: A systematic review of systematic reviews with meta-analyses. *PLoS One, 15*(4) https://doi.org/10.1371/journal.pone.0231037

Rowold, J. (2015). *Human resource management*. Springer Publishing.

Schellinger, J., Tokarski, K. O., & Kissling-Näf, I. (2019). *Digitale Transformation und Unternehmensführung: Trends und Perspektiven für die Praxis (German Edition)* (1. Aufl. 2020). Springer Gabler.

Schlachter, S., McDowall, A., Cropley, M., & Inceoglu, I. (2018). Voluntary work-related technology use during non-work time: A narrative synthesis of empirical research and research agenda. *International Journal of Management Reviews, 20*, 825–846. https://doi.org/https://doi.org/10.1111/ijmr.12165

Schweizerische Eidgenossenschaft. (2015, Oktober 01). *Verordnung 3 zum Arbeitsgesetz.* Fedlex. https://www.fedlex.admin.ch/eli/cc/1993/2553_2553_2553/de. Zugegriffen am 27.04.2022.

Sewell, G., & Taskin, L. (2015). Out of sight, out of mind in a new world of work? Autonomy, control, and spatiotemporal scaling in telework. *Organization Studies, 36*(11), 1507–1529. https://doi.org/10.1177/0170840615593587

Shockley, K. M., Allen, T. D., Dodd, H., & Waiwood, A. M. (2021). Remote worker communication during COVID-19: The role of quantity, quality, and supervisor expectation-setting. *Journal of Applied Psychology, 106*(10), 1466–1482. https://doi.org/10.1037/apl0000970

Simmel, M., & Graßl, W. (2019). *Betriebliches Gesundheitsmanagement mit System: Ein Praxisleitfaden für mittelständische Unternehmen (German Edition)* (1. Aufl. 2020 Aufl.). Springer.

Sommer, G., & Beer, S. (2011, November). *Betriebsrat – Personalvertretung Rechte und Pflichten.* Arbeiterkammer. https://www.wu.ac.at/fileadmin/wu/o/we4u/text/ar-19.pdf

Sonnentag, S., & Frese, M. (2003). Stress in organizations. In W. C. Borman & I. B. Weiner (Hrsg.), *Handbook of psychology. Volume 12: Industrial and organizational psychology* (1. Aufl.). Wiley.

Steel, P. (2007). The nature of procrastination: A meta-analytic and theoretical review of quintessential self-regulatory failure. *Psychological Bulletin, 133*(1), 65–94. https://doi.org/10.1037/0033-2909.133.1.65

Stock-Homburg, R. (2013). *Personalmanagement.* Springer Publishing.

Taskin, L., & Edwards, P. (2007). The possibilities and limits of telework in a bureaucratic environment: Lessons from the public sector. *New Technology, Work & Employment, 22*(3), 195–207. https://doi.org/10.1111/j.1468-005X.2007.00194.x

Terkamo-Moisio, A., Karki, S., Kangasniemi, M., Lammintakanen, J., & Häggman-Laitila, A. (2021). Towards remote leadership in health care: Lessons learned from an integrative review. *Journal of Advanced Nursing, 78*(3), 595–608. https://doi.org/10.1111/jan.15028

Thier, K. (2016). *Storytelling.* Springer Publishing.

Ulich, E., & Wülser, E. (2015). *Gesundheitsmanagement in Unternehmen: Arbeitspsychologische Perspektiven.* Springer.

Ulrich, D., Younger, J., Brockbank, W., & Ulrich, M. D. (2013). The state of the HR profession. *Human Resource Management, 52*(3), 457–471. https://doi.org/10.1002/hrm.21536

Verburg, R. M., Nienaber, A. M., Searle, R. H., Weibel, A., den Hartog, D. N., & Rupp, D. E. (2017). The role of organizational control systems in employees' organizational trust and performance outcomes. *Group & Organization Management, 43*(2), 179–206. https://doi.org/10.1177/1059601117725191

Voß, G. G., & Pongratz, H. J. (1998). Der Arbeitskraftunternehmer. 35. *Kölner Zeitschrift für Soziologie und Sozialpsychologie, 50,* 131158.

Waerzner, A., Hartner-Tiefenthaler, M., & Koeszegi, S. T. (2017). Working anywhere and working anyhow?: A tension-based view on ICT and the coordination of work. In M. Gloet & Y. Blount (Hrsg.), *Anywhere working and the new era of telecommuting* (S. 90–112). Business Science Reference. https://doi.org/10.4018/978-1-5225-2328-4.ch004

Wang, B., Liu, Y., Qian, J., & Parker, S. K. (2021). Achieving effective remote working during the COVID-19 pandemic: A work design perspective. *Applied Psychology, 70*(1), 16–59. https://doi.org/10.1111/apps.12290

Wedde, P. (2016). *EU-Datenschutz-Grundverordnung: Kurzkommentar mit Synopse BDSG – EU-DSGVO.* Bund-Verlag GmbH.

Weibel, A. (2007). Formal control and trustworthiness: Shall the twain never meet? *Group & Organization Management, 32*(4), 500–517.

Weibel, A., Den Hartog, D. N., Gillespie, N., Searle, R., Six, F., & Skinner, D. (2016). How do controls impact employee trust in the employer? *Human Resource Management, 55*(3), 437–462. https://doi.org/10.1002/hrm.21733

Zafari, S., Hartner-Tiefenthaler, M., & Koeszegi, S. T. (2019). Flexible work and work-related out-comes: The role of perceived organizational alignment. *Management Revue, 1*, 63–92. https://doi.org/10.5771/0935-9915-2019-1-63

Zimmermann, J. (2016). Arbeitspausen im Home Office, *Eine Untersuchung des Pausenverhaltens, der Erholungsplanung und des Erholungserlebens bei alternierend Telearbeitenden an Hochschulen*. Pabst Science Publishers.

Fazit: New Ways of Working – Wie Nutzen maximieren und Gefahren reduzieren?

In diesem Fazit thematisieren wir die wichtigsten Punkte nochmals näher und bieten damit Anregungen, wie New Ways of Working in der Organisation gelingen kann. Anhand **sechs zentraler Punkte** (Fürsorgepflicht, Ressourcen, Kommunikation, Zugehörigkeit, Organisationskultur und Führung) erklären wir, wie bei New Ways of Working sowohl gesundes als auch effizientes Arbeiten möglich ist. Diese Strategien sollen Individuen, Führungskräfte und Organisationen dabei unterstützen, einen positiven Wandel in der Organisation herbeizuführen, um den Nutzen bei New Ways of Working zu maximieren und Gefahren zu minimieren.

M. Hartner-Tiefenthaler et al., *smartWorkLife – Bewusst erholen statt grenzenlos gestresst*, https://doi.org/10.1007/978-3-662-63129-4_5

Wir befinden uns mitten in der Veränderung der Arbeitswelt. Ein Blick in die Zeitung oder ins Smartphone reicht aus, um die Krisen der Welt, die auch das Arbeitsleben betreffen, zu uns ins Wohnzimmer zu holen. Globale und europäische Entwicklungen wie die Coronapandemie, die Klimakrise, der russische Angriffskrieg gegen die Ukraine und die daraus resultierende Energiekrise sowie die höchste Inflationsrate seit dem Zweiten Weltkrieg haben einen direkten Einfluss auf unsere Gesellschaft, unsere Arbeit und auf unser gesamtes Leben.

Die Megatrends Digitalisierung, New Ways of Working und Homeoffice sind längst in unserer gegenwärtigen Realität angekommen. Es liegt nun in unserer Hand, aktiv zu werden und die Chance wahrzunehmen, unsere Arbeit zukunftsgerichtet, effizient und vor allem gesund zu gestalten. Da wir in einer komplexen Welt leben, ist es heute wichtiger denn je, das Zusammenspiel unterschiedlicher Faktoren und Akteure zu verstehen. Dieses Buch versucht, Arbeit und mentale Gesundheit aus verschiedenen Blickwinkeln – arbeitspsychologisch, organisationswissenschaftlich, soziologisch und kommunikationswissenschaftlich – zu beleuchten und zu analysieren. Es verfolgt das Ziel, Anregungen und Informationen für Individuen, Führungskräfte und Organisationen zu bieten, und zwar darüber, wie sie mentale Gesundheit bei New Ways of Working beeinflussen, schützen und stärken können.

Die Erhaltung unserer mentalen Gesundheit und die Stärkung unseres Wohlbefindens standen noch nie so im Rampenlicht wie heute und trotzdem sind psychische Gesundheitsprobleme auf dem Vormarsch (DAK, 2022; Satici et al., 2020; Schmidt et al., 2014; Schuler & Weiss, 2019). So zeigt der DAK-Psychreport (DAK, 2022), dass es 2021 in Deutschland zu einem historischen Höchststand an Krankheitstagen aufgrund psychischer Belastungen gekommen ist. In den letzten zehn Jahren stiegen diese sogar um 41 Prozent. Durchschnittlich dauerte im Jahr 2021 ein psychischer Krankschreibungsfall 39,2 Tage (im Vergleich dazu waren es im Jahr 2011 durchschnittlich noch 32,3 Tage). Psychische Erkrankungen betreffen vor allem neurotische Störungen wie Ängste (51,2 Prozent) oder affektive Störungen wie Depressionen (40,8 Prozent). Frauen sind deutlich öfter davon betroffen als Männer. Die Branchen mit den meisten Fehltagen aufgrund von psychischen Erkrankungen sind das Gesundheitswesen und die öffentliche Verwaltung gefolgt von den Bereichen Bildung, Kultur und Medien sowie Handel und Logistik.

Eine Umfrage des österreichischen Jobportals *karriere.at* anlässlich des Weltgesundheitstags am 7. April 2022 zeigt, dass 40 Prozent der befragten Arbeitnehmer*innen bereits Erfahrung mit Erschöpfung haben und 62 Prozent finden, dass es kein betriebliches Angebot rund um die mentale Gesundheit in ihrer Organisation gibt (karriere.at, 2022). Weitere 68 Prozent denken, dass das Thema psychische Gesundheit in ihrer Organisation nicht ausreichend oder gar nicht thematisiert wird. Doch auch wenn es Maßnahmen der betrieblichen Gesundheitsförderung in der Organisation gibt, nehmen weniger als 40 Prozent der Beschäftigten diese in Anspruch (Kropp & McRae, 2022). Diese Diskrepanz müssen Organisationen in den Blick nehmen. Wie kann der Nutzen von betrieblicher Gesundheitsförderung auch bei New Ways of Working maximiert werden? Organisationen kommen nicht über eine Neubewertung ihres gesundheitsfördernden Angebots herum. Der aktuelle Harvard Business Report (Kropp & McRae, 2022) benennt es ganz klar: Ein wichtiger Trend der Arbeitswelt von morgen ist die Etablierung von Wohlbefinden als neue Maßeinheit von gesunden Arbeitsbedingungen. Die mentale, physische und finanzielle Gesundheit der Beschäftigten wird in Zukunft noch stärker zum Organisationserfolg und zur Mitarbeiter*innenbindung beitragen als bisher (Kropp & McRae, 2022). Insbesondere in Zeiten des Fachkräftemangels, der sich am Arbeitsmarkt immer mehr abzeichnet, ist es wichtig, sich vor den eigenen Mitarbeiter*innen, aber auch vor externen Bewerber*innen als Unternehmen zu positionieren, das die Gesundheit der Mitarbeiter*innen und die Vereinbarkeit von Arbeit und Privatleben ernst nimmt. Es geht also nicht mehr nur darum, die hohen Kosten, die durch Krankenstandstage entstehen, zu senken, sondern Wohlbefinden und damit einhergehend mentale Gesundheit als zentrales Element der Organisationskultur und einer humaneren Gestaltung von Arbeit zu etablieren (Gonon, 2022). Betriebliche Gesundheitsförderung bleibt oft auf der individuellen Ebene (z. B. Anti-Rauchtraining) stecken. Organisationale oder kollektive Risikofaktoren werden dadurch weitgehend ausgeblendet. Vor diesem Hintergrund stellt sich die Frage, wer für die mentale Gesundheit der Beschäftigten verantwortlich ist. Organisationen haben gegenüber ihren Beschäftigten eine Fürsorgepflicht. Inwieweit jedoch tragen sie für das Gemeinwohl – auch bei New Ways of Working – die Verantwortung? Und was passiert, wenn sie die Verantwortung von sich schieben?

Organisationen können in New Ways of Working nur dann gut funktionieren, wenn die mentale und physische Gesundheit der Beschäftigten langfristig gewährleistet wird. Dazu müssen wir alle unser Wissen präventiv einsetzen und erkennen, dass Gesundheit, Resilienz und das mentale Abschalten in der Freizeit als fundamentale Werte der Organisation – und schlussendlich auch der Gesellschaft – anzuerkennen sind. Studien zeigen, dass Organisationen mit Kündigungen rechnen müssen, wenn sie zu wenig zeitliche und örtliche Arbeitsflexibilität ermöglichen (Ivanti, 2022). Homeoffice mit all seinen Vor- und Nachteilen ist ein unumkehrbarer Trend in Organisationen geworden. Dabei ist eines klar: Arbeitsprozesse müssen umgestaltet und betriebliche Regelungen neu verhandelt werden. Wir alle tragen hier Verantwortung, denn das Bewahren der mentalen Gesundheit in der Arbeit betrifft uns alle! Wie das gelingen kann, wird in den folgenden **sechs Punkten** thematisiert.

1. Fürsorgepflicht einhalten: Im Arbeitsschutzgesetz ist die Fürsorgepflicht der Organisation festgehalten. Dieser Pflicht kann im Homeoffice zum Teil schwieriger als beim Arbeiten vor Ort im Büro nachgekommen werden, da vieles „versteckter" passiert: Private Büromöbel sind vielleicht nicht ergonomisch, Pausenzeiten werden nicht eingehalten, überlange Arbeitszeiten und emotionale Erschöpfung werden von Kolleg*innen nicht (ausreichend) wahrgenommen. Organisationen bieten deshalb eine Reihe von verhaltenspräventiven Maßnahmen an, die die effektive Arbeit im Homeoffice zum Ziel haben. Eine Organisation mit gut ausgebildeten Arbeitsmediziner*innen, Präventivdiensten und Gesundheitsmanagement oder auch das Vorhandensein eines Betriebsrats können einerseits auf die Rahmenbedingungen einer Organisation einwirken, fungieren andererseits aber auch als wichtige Multiplikator*innen für Maßnahmen der Geschäftsführung oder des Vorstands. Schützt der Rahmen der Organisation die Beschäftigten nicht ausreichend oder gibt es zu wenig klare Absprachen, kann es leichter zu einer Überschreitung der (eigenen) Grenzen kommen. Obwohl die formalen Regelungen essenziell sind, kommt der informellen Ebene eine immense Bedeutung zu, wenn es um das Handeln im Homeoffice geht (Freiling et al., 2020). Beispielsweise würde bei wenig direkten Kontakten kaum jemand bemerken, wenn ein Kollege oder eine Kollegin bereits Burnout erlebt. Wenn der spontane, beiläufige Austausch zwischen Kolleg*innen oder mit der Führungskraft fehlt, dann entgeht uns eher, wenn ein/e Kollege/in seit längerem sehr erschöpft ist und viele – undokumentierte – Überstunden arbeitet, ohne jedoch einen merkbaren Leistungszuwachs zu generieren. Das ist weder wirtschaftlich sinnvoll noch aus humanistischer Perspektive ratsam. Pausenzeiten und Erholung sind auch im Homeoffice wichtig und ein fokussiertes Arbeiten während der Arbeitszeit soll sichergestellt werden, um sich dann während der Freizeit entspannen zu können.

2. Positive Ressourcen aufbauen: Ob das Arbeiten im Homeoffice als positiv und bereichernd oder als belastend wahrgenommen wird, hängt von der Gestaltung und Regulierung von Arbeit ab (Reinke & Ohly, 2021; Gündel et al., 2014). Essenziell ist es, den Job so zu gestalten, dass die Beschäftigten Sinn bei der Arbeit erleben. Das ist sogar wesentlicher für die Jobwahl als das angebotene Gehalt (Horx et al., 2021) und stellt eine wichtige Ressource dar. Beschäftigte wollen ihre Arbeitsaufgaben mit ihren individuellen Interessen und Stärken verbinden. Geben und Nehmen sollen sich dabei ausgleichen (Grant, 2022). Wie das umgesetzt wird, variiert von Organisation zu Organisation. Je größer die Organisation ist, desto vielfältiger sind die Keyplayer und ihr Einfluss. Es gibt eine Reihe von Möglichkeiten, die Beschäftigten in ihrer Erholung unterstützen, wie z. B. das Vermeiden von Anrufen im Urlaub oder am Wochenende sowie Vertretungsregeln bei Krankenstand.

Das Arbeitsanforderungen-Arbeitsressourcen-Modell (Bakker & Demerouti, 2007) beschreibt, wie arbeitsbezogene Belastungen mit Ressourcen abgefedert werden. Wenn die Erholung fehlt, wirken sich Arbeitsbelastungen negativ auf die Gesundheit aus und können sogar zu Burnout führen (López-Núñez et al., 2020). Die swoliba-Übungen aus Kap. 3 zeigen, wie persönliche Ressourcen mit Routinen aufgebaut werden können. Routinen entstehen durch permanente Wiederholungen und können nur dann neu erlernt werden, wenn altes Verhalten durchbrochen und verändert wird. Die Übungen aus der App swoliba wurden anhand einer Interventionsstudie mit Beschäftigten empirisch überprüft (Hartner-Tiefenthaler & Schöllbauer, 2022). Die konsequente Nutzung der Übungen hilft, mit dem Stresserleben besser umzugehen, und fördert auch die Konzentration. Durch die finanzielle Förderung der Arbeiterkammer Niederösterreich im Rahmen des Projektfonds Arbeit 4.0 ist die swoliba App kosten- und werbefrei über die App-Stores zugänglich. Mit der Nutzung der App werden auch keine Daten für weitere wissenschaftliche Untersuchungen gesammelt. Eine Auswahl der beliebtesten Übungen befindet sich in diesem Buch bzw. die Video- und Audioübungen können via Link aufgerufen werden.

3. Kommunikation anpassen – Regeln definieren: Veränderungen gelingen am besten, wenn sie vom Umfeld mitgetragen werden. Doch dazu braucht es Vereinbarungen im Team und ein gemeinsames Verständnis darüber, wie die Arbeitsgestaltung und die dazu notwendige Kommunikation aussieht. Das schafft Klarheit für die einzelnen Teammitglieder und erleichtert generell das Arbeiten (Müller & Antoni, 2021). Denn das vergebliche Warten auf eine Nachricht, die z. B. in einem anderen Kommunikationskanal zu finden gewesen wäre, frustriert und erschwert die Arbeit. Um gemeinsam im Team Regeln festzulegen, wie die interne Kommunikation und Zusammenarbeit optimal gestaltet werden soll, bedarf es viel Fingerspitzengefühl der Führungskraft. Regeln bedeuten nämlich Verpflichtung und damit auch eine Einschränkung der Autonomie. Das kann unangenehm werden: Denn was man einmal erworben hat, gibt man ungern wieder her. Die getroffenen Vereinbarungen sollen klar verständlich und simpel sein. Weniger ist manchmal mehr. Sie sollen vor allem klarstellen, was die unverrückbaren Eckpfeiler im Team sind. In welchen Fällen ist beispielsweise ein virtuelles Treffen dem im Büro vorzuziehen? Welche Termine haben absolut Vorrang und sind unumstößlich? Wie wird die Erreichbarkeit außerhalb der Kernarbeitszeiten organisiert?

Menschen sind unterschiedlich und das ist gut so. Manche bearbeiten ihre E-Mails gerne am Abend bzw. am Wochenende, da sie hier ungestört Zeit haben. Das kann für die einzelne Person zwar ressourcenschonend sein, aber beeinflusst eben auch andere. Daher ist es wichtig, darüber zu sprechen, wie und wann man kommunizieren möchte. Eine effiziente Möglichkeit ist in E-Mails (z. B. gleich in der Signatur) klarzustellen, dass man keine Antwort erwartet, wenn man (häufig) spätabends oder am Wochenende E-Mails versendet: „Dieses E-Mail erreicht Sie außerhalb der üblichen Normalarbeitszeit, deshalb erwarte ich mir auch keine unmittelbare Antwort von Ihnen." Doch auch während der Arbeitszeit erleichtert sogenannte „focus time" das konzentrierte Arbeiten. Hier könnte ebenfalls eine kurze, automatisch versendete Nachricht die Erwartungen ins rechte Licht rücken und die gefühlte Verpflichtung, sofort antworten zu müssen, reduzieren.

Durch die Pandemie haben wir erlebt, wie wichtig der soziale Austausch ist. Viele Kollaborationstools (z. B. Miro, Trello, Slack etc.) zielen darauf ab, diesen auch virtuell zu unterstützen. Doch das beste Tool kann die persönliche Kommunikation nicht vollständig ersetzen. Der soziale Austausch im Büro ist nicht nur für den Wissensaustausch zwischen Kolleg*innen (Röhr et al., 2020), sondern auch für Innovationen und neue Erfindungen relevant (Høyrup, 2010). Manchmal ist das Treffen vor Ort zielführender (Brucks & Levav, 2022).

4. Zugehörigkeit schaffen durch Gestalten der Räume: Aktuell wird in vielen Organisationen die Gestaltung der Büroräumlichkeiten überdacht. Um ungenutzte Arbeitsplätze aufgrund von Homeoffice effizient zu nutzen, kommt es zum sogenannten „desk sharing". In diesem Fall wird der Büroarbeitsplatz von mehreren Personen gemeinsam verwendet. Zunehmend werden auch sogenannte non-territoriale Arbeitsplätze („activity based working zones") geschaffen, die unterschiedliche Zonen im Büro vorsehen (z. B. für konzentriertes Arbeiten oder kommunikatives Arbeiten, Cafézone für informelle Gespräche oder auch Erholungszonen). Damit die Mitarbeiter*innen optimal durch ihre Arbeitsumgebung unterstützt werden können, sollte im Vorfeld eine Tätigkeitsanalyse durchgeführt werden. Diese Analyse kann dann als Basis für die Errichtung der jeweiligen Arbeitszonen herangezogen werden, sodass sie maßgeschneidert zu den Tätigkeiten und individuellen Bedürfnissen der Mitarbeiter*innen passen.

Diese Zonen sollten von den Beschäftigten dann je nach momentaner Aufgabe entsprechend genutzt werden (Worek et al., 2019). Obwohl dadurch eine aufgabenunterstützende Nutzung des Büros beabsichtigt wird, werden solche Bürokonzepte von den Beschäftigten nicht immer positiv betrachtet (Wohlers & Hertel, 2018; Hodzic et al., 2020). Die Beschäftigten verlieren ihren privaten Raum, weil non-territoriale Arbeitsplätze mit einer strengen „clean desk policy" einhergehen. Wichtig ist hierbei, dass die adäquate Nutzung nicht als selbstverständlich erachtet wird, sondern Training bedarf. Denn der regelmäßige Wechsel des Arbeitsplatzes (je nach Arbeitsaufgabe) muss ebenfalls eingeübt werden (Wohlers et al., 2017). Darüber hinaus darf nicht vergessen werden, dass die räumliche Gestaltung des Büros auch die Beziehungen zwischen Personen beeinflusst. Soziale Unterstützung ist eine wichtige persönliche Ressource für die Arbeit (Jolly et al., 2020). Um diese in der Organisation zu entwickeln, braucht es ein vertrauensförderndes Klima. Vertrauen oder Commitment für Aufgaben und Zuständigkeiten, die in der (täglichen) Zusammenarbeit im Büro langsam wachsen, entwickeln sich im Homeoffice aufgrund des fehlenden direkten Kontakts noch langwieriger und schwieriger. Umso wichtiger ist es nun bei New Ways of Working, kommunikative Räume im Büro zu schaffen, die zum Verweilen und Plaudern einladen. Denn regelmäßiger Austausch unterstützt das Vertrauen und die Qualität der Beziehungen im Team, die für effektives Arbeiten relevant sind (Bolton et al., 2021).

Studien (z. B. Wohlers & Hertel, 2018) zeigen, dass sich die Kommunikation über das Team hinweg verbessert, wenn räumliche Bürogrenzen aufgelöst und non-territoriale Arbeitsplätze geschaffen werden. Allerdings geht das meist auf Kosten der Kommunikation innerhalb des Teams, denn der vermehrte Austausch mit anderen Teams reduziert den Austausch innerhalb des eigenen Teams. Diese Veränderung kann durchaus gewünscht sein, um ein „Silodenken" innerhalb der Abteilungen aufzubrechen, aber es verändert auch den Zusammenhalt im Team (Millward et al., 2007). Will man die Identifikation mit der gesamten Organisation fördern, dann kann ein Auflösen der räumlichen Bürogrenzen zielführend sein. Daher ist es wichtig, vor dem Umbau klar über dessen Auswirkungen Bescheid zu wissen, um die Unternehmensstrategie darauf abzustimmen.

5. Organisationskultur verändern – Anwesenheitskultur hinterfragen: Nicht nur die Beschäftigten müssen sich den veränderten Bedingungen bei New Ways of Working anpassen, auch viele Organisationskulturen stehen gegenwärtig vor einem Wandel. Ein neuer Humanismus ist gefragt, denn klassische Organisationsstrukturen und Karrierewege kommen an ihre Grenzen. Viele Beschäftigte – vor allem auch die jüngeren Generationen – bevorzugen eine Kombination aus Flexibilität und Struktur. Sie schätzen außerdem die neue Flexibilität – zumindest gelegentlich – im Homeoffice zu arbeiten (Beno & Hvorecky, 2021; Fana et al., 2020). Es ist deshalb an der Zeit, sich ehrlich die Frage zu stellen: Passt der altbewährte Organisationsrahmen noch in der Gegenwart? Manche Organisationen und

Führungskräfte wollen trotz der Zeichen der Zeit an erprobten Strukturen und Präsentismus festhalten. So hat Elon Musk im Juni 2022 für Negativschlagzeilen gesorgt, als bekannt wurde, dass er Homeoffice („remote work") ablehnt und alle seine Mitarbeiter*innen ins Büro zurückkehren müssen (Bakir, 2002). Es gibt aber auch internationale Gegenstimmen dazu wie von Brian Chesky, dem CEO von Airbnb, der sagt, dass er das Büro als „anachronistische Form aus einem vordigitalen Zeitalter" betrachtet (Kay, 2022). Die Zukunft des Arbeitens liegt wohl irgendwo dazwischen.

Bei der Gestaltung von New Ways of Working kommt der Führungskräfteentwicklung eine besondere Rolle zu. In Organisationen mit einer Kultur, die der physischen Präsenz einen hohen Stellenwert einräumt und in der es keine individuellen Leistungsmessungen gibt, stehen Führungskräfte wahrscheinlich stärker unter dem Druck, ihre Arbeitssteuerung für New Ways of Working anzupassen. Denn antiquierte Glaubenssätze wie beispielsweise, dass Anwesenheit mit Leistung gleichzusetzen ist, müssen in der Organisation aktiv hinterfragt werden. Der alleinige Fokus auf Leistungserbringung bringt langfristig nicht den gewünschten Erfolg und steht einer Mitarbeiter*innenbindung im Weg. Daher ist es wichtig, Führungskräften zu vermitteln, wie sowohl gesundes als auch effizientes Arbeiten möglich ist.

6. Führung neu denken: Mobiles, hybrides und virtuelles Arbeiten verlangt nach einer neuen Art von Führung. Man kann aufeinander schauen und trotzdem Leistung einfordern. Der Entweder-oder-Ansatz passt nicht zu moderner, empathischer und flexibler Führung. Führungskräfte müssen sich als Person viel stärker einbringen, um Bindung zu ihren Mitarbeiter*innen herzustellen. Da sich durch New Ways of Working große Teile der Arbeit der direkten Kontrolle der Führungskraft entziehen und dadurch die Leistungsorientierung zunimmt, erlangen Werte wie Fairness, Empathie, Sinnhaftigkeit und der positive Wille zur Veränderung eine noch stärkere Bedeutung. Es ist die Aufgabe der Führungskraft, Arbeit fair und sinnvoll sowie den Zugang zu Homeoffice gerecht zu gestalten (Kropp & McRae, 2022). Außerdem müssen Führungskräfte ein Stück weit die Kontrolle aufgeben und durch Vertrauen ersetzen. Coaching tritt hier an die Stelle von klassisch-hierarchischem Führungsverhalten: Mehr autonomes Handeln der Mitarbeiter*innen bedeutet auch mehr (Zeit-)Ressourcen für die Führungskraft, die z. B. so neue Strategien für die Teamarbeit mit Rücksicht auf deren spezifische und individuelle Ressourcen, Belastungen, Stärken und Schwächen entwerfen kann (Kropp & McRae, 2022). Wichtig ist hierbei zu bedenken, dass Führungskräfte im Kontext von New Ways of Working neue Kompetenzen entwickeln müssen und dadurch besonders beansprucht sind – denn neben den Anstrengungen, sich selbst an die neue Arbeitswelt anzupassen, erfordert es auch eine Vielzahl an neuen Fähigkeiten, um Mitarbeiter*innen auf Distanz zu führen. Als Führungskraft muss man sich z. B. bewusst sein, dass es bei New Ways of Working weniger persönliche Kontakte gibt als beim Arbeiten im Büro, wo Fragen und Unstimmigkeiten mit den Mitarbeiter*innen direkt abgeklärt werden können. Führung geht nicht immer nur von oben nach unten, sondern auch von unten nach oben. Denn Mitarbeiter*innen können Führungskräfte beeinflussen, welche Entscheidungen sie treffen, wann im Homeoffice gearbeitet wird und wann es Sinn macht, sich persönlich zu unterhalten. Die Führungskraft muss den Teammitgliedern Struktur und Anleitung geben und für ihre Anliegen ein offenes Ohr haben. Empathische Führungspraktiken sind gefragt. Doch auch hier bedarf es klarer Regeln: Wenn Teammitglieder zeitlich flexibel arbeiten und ihre Anliegen zu ganz unterschiedlichen Zeiten bei der Führungskraft deponieren, bedeutet das im Umkehrschluss, dass auch die Arbeitszeit der Führungskraft ausgedehnt wird. Auch Führungskräfte sind nicht immun gegen Arbeitsbelastungen. Sie müssen sich auch selbst die Frage stellen: Wie viel Ausdehnung meiner Arbeitszeit ist gesund?

Die Frage, die sich ebenfalls stellt ist, wie sich die Rolle der Führungskraft durch New Ways of Working verändert. Einerseits informieren sie ihre Teammitglieder, wie die organisationalen Richtlinien zu verstehen sind, und andererseits agieren sie selbst als Vorbild wie die Arbeit im Homeoffice gelingen kann. Doch ein schlechtes Vorbild zu sein, kann nach hinten losgehen. Wenn Führungskräfte selbst viele Überstunden machen, dann gehen sie mit ihren Mitarbeiter*innen auch weniger wertschätzend um und ihre Beziehung verschlechtert sich (Afota & Vandenberghe, 2022). Führungskräfte müssen daher einen Spagat zwischen Kontrolle und Unterstützung schaffen. Keines darf überhandnehmen und die Kongruenz beider Aspekte ist notwendig. Kongruenz bedeutet, dass beides – sowohl Kontrolle als auch Unterstützung – im Gleichgewicht ist. Eine aktuelle Studie zeigt, dass geringe Kontrolle gepaart mit geringer Unterstützung sogar besser für die Arbeitsleistung im Homeoffice ist als viel Unterstützung mit wenig Kontrolle oder wenig Unterstützung mit viel Kontrolle (Gan et al., 2022).

Wir wollen mit diesem Buch ein Bewusstsein dafür schaffen, warum es gerade jetzt absolut notwendig ist, sich mit New Ways of Working proaktiv auseinanderzusetzen. Der Erfolg oder Misserfolg von Homeoffice ist im Endeffekt ein Zusammenspiel von unterschiedlichen Faktoren und ein komplexes Wirkungsgefüge verschiedener Akteure und Akteurinnen. Damit müssen wir uns beschäftigen. Daran führt kein Weg vorbei. Wir müssen uns – als Individuum, als Führungskraft, als Organisation – „schonungslos" selbst reflektieren, damit wir an Zuversicht gewinnen und unsere Resilienz, unsere Ressourcen und unser Vertrauen stärken können. Nur dadurch können wir bereits heute erfolgreich, effizient und gesund in einer veränderten Arbeitswelt agieren.

Sie möchten nun prüfen, ob Sie für New Ways of Working bestmöglich vorbereitet sind? Dann nehmen Sie sich kurz Zeit, um über folgende Fragen nachzudenken. Denn so soll dieses Buch enden: mit der Arbeit an Ihnen selbst!

Reflexionsfragen aus individueller Perspektive
- Bin ich mit meiner Abgrenzung zwischen Arbeit und Privatleben im Homeoffice zufrieden?
- Schaffe ich es generell, Arbeit und Privatleben gut unter einen Hut zu bringen?
- Wie oft denke ich an unerledigte berufliche Aufgaben in meiner Freizeit?
- Gibt es unausgesprochene Themen mit Kolleg*innen, die mir zwar nicht so wichtig erscheinen, mich aber dennoch beschäftigen?

- Bin ich für Berufliches während meiner Freizeit erreichbar?
- Schaffe ich es, private Belange während der Arbeitszeit im Homeoffice auszublenden?
- Wie oft werde ich durch Privates während der Arbeitszeit unterbrochen?
- Bin ich mit der Qualität und dem Ausmaß meines Schlafes zufrieden?
- Wache ich ausreichend erholt auf?

Reflexionsfragen aus Perspektive der Führungskraft
- Wie gut funktioniert die Zusammenarbeit in meinem Team?
- Läuft die Kommunikation mit meinem Team reibungslos und ist die Beziehung zwischen den Teammitgliedern gut?
- Braucht es mehr Absprache darüber, wie wir zusammenarbeiten?
- Wie wird Arbeitsleistung gemessen? An welchen Kriterien messe ich Leistung?
- Ist meinen Mitarbeiter*innen klar, wann sie im Homeoffice erreichbar sein müssen und wann nicht? Was sind die rechtlichen Rahmenbedingungen?
- Kontaktiere ich mein Team im Homeoffice auch außerhalb seiner Arbeitszeiten?
- Habe ich für mich und für meine Mitarbeiter*innen klar definiert, in welchen Fällen es notwendig ist, auch außerhalb der Arbeitszeit erreichbar zu sein?
- Signalisiere ich meine eigene Erreichbarkeit (und Nicht-Erreichbarkeit) im Homeoffice als Führungskraft klar und deutlich?
- Weiß ich darüber Bescheid, wie es meinen Mitarbeiter*innen gerade geht – hinsichtlich psychischer und physischer Gesundheit, Arbeitslast, Zeitdruck usw.?
- Wie geht es mir als Führungskraft hinsichtlich psychischer und physischer Gesundheit, Arbeitslast, Zeitdruck usw.?

Reflexionsfragen aus Organisationsperspektive
- Wie ist momentan die Stimmung in der Belegschaft?
- Wie hoch ist der Anteil der Beschäftigten im Homeoffice? Wie intensiv wird Homeoffice genutzt?
- Wie wird sichergestellt, dass die sozialen Beziehungen im Team aufrecht erhalten bleiben?
- Wird die Betriebsvereinbarung auch tatsächlich gelebt? Gibt es hier einen Änderungsbedarf?
- Wie gut funktioniert das Zusammenspiel zwischen Geschäftsführung, Personalabteilung und Betriebsrat?
- Biete ich den Beschäftigten ausreichend Trainings und Weiterbildungen zur Stärkung ihrer mentalen Gesundheit an?
- Werden die vorhandenen Angebote in Bezug auf betriebliche Gesundheitsförderung und Weiterbildung (z. B.: digitale Kompetenzen, Achtsamkeit, Teamkommunikation) angenommen oder gibt es hier Änderungsbedarf?
- Welchen Änderungsbedarf gibt es in Bezug auf die Regeln zu Homeoffice und Erreichbarkeit? Zur internen Unternehmenskommunikation? Zur gelebten Unternehmens- und Feedbackkultur? Zur Führungskräfteentwicklung?

Literatur

Afota, M., & Vandenberghe, C. (2022). Supervisors' overtime hours, abusive supervision and leader – member exchange: How supervisors' long work hours harm their relationships with subordinates. *Canadian Journal of Administrative Sciences/Revue Canadienne des Sciences de l'Administration*. https://doi.org/10.1002/cjas.1677

Bakir, D. (2002). „WENN DU NICHT AUFTAUCHST …" Elon Musk droht allen Beschäftigten im Homeoffice mit Kündigung. https://www.stern.de/wirtschaft/job/elon-musk-droht-allen-beschaeftigten-im-homeoffice-mit-kuendigung-31916326.html. Zugegriffen am 15.03.2023.

Bakker, A. B., & Demerouti, E. (2007). The job demands-resources model: State of the art. *Journal of Managerial Psychology, 22*(3), 309–328. https://doi.org/10.1108/02683940710733115

Beno, M., & Hvorecky, J. (2021). Data on an Austrian company's productivity in the pre-Covid-19 era, during the lockdown and after its easing: To work remotely or not? *Frontiers in Communication, 6*. https://doi.org/10.3389/fcomm.2021.641199

Bolton, R., Logan, C., & Gittell, J. H. (2021). Revisiting relational coordination: A systematic review. *The Journal of Applied Behavioral Science*, 002188632199159. https://doi.org/10.1177/0021886321991597

Brucks, M. S., & Levav, J. (2022). Virtual communication curbs creative idea generation. *Nature*. https://doi.org/10.1038/s41586-022-04643-y

DAK Gesundheit. (2022). *Psychreport 2022*. https://www.dak.de/dak/bundesthemen/psychreport-2022-2533048.html#/. Zugegriffen am 15.03.2023.

Fana, M., Milasi, S., Napierala, J., Fernandez-Macias E., & Gonzalez Vazquez, I. (2020). *Telework, work organisation and job quality during the COVID-19 crisis: A qualitative study. JRC working papers on labour, education and technology* 2020–11. Joint Research Centre (Seville site).

Freiling, T., Conrads, R., Müller-Osten, A., & Porath, J. (2020). *Zukünftige Arbeitswelten: Facetten guter Arbeit, beruflicher Qualifizierung und sozialer Sicherung* (German Edition) (1. Aufl. 2020 Aufl.). Springer.

Gan, J., Zhou, Z. E., Tang, H., Ma, H., & Gan, Z. (2022). What it takes to be an effective "remote leader" during COVID-19 crisis: The combined effects of supervisor control and support behaviors. *The International Journal of Human Resource Management*, 1–23. https://doi.org/10.1080/09585192.2022.2079953

Gonon, A. (2022). *Ressourcen und Reputation. Wie Unternehmen psychische Gesundheitsprobleme von Beschäftigten bewerten*. Springer Publishing.

Grant, A. (2022). *Think Again – Die Kraft des flexiblen Denkens: Was wir gewinnen, wenn wir unsere Pläne umschmeißen*. Piper.

Gündel, H., Glaser, J., & Angerer, P. (2014). *Arbeiten und gesund bleiben*. Springer Publishing.

Hartner-Tiefenthaler, M., & Schöllbauer, J. (2022). In Zukunft nicht im Büro? Herausforderungen und Chancen im Homeoffice – Erholung vs. positiver Affekt: Vergleich von zwei App-basierten Interventions-programmen zur Verbesserung von Gesundheit und Leistungsfähigkeit im Homeoffice. DGPS-Kongress, Hildesheim.

Hodzic, S., Kubicek, B., Uhlig, L., & Korunka, C. (2020). Activity-based flexible offices: Effects on work-related outcomes in a longitudinal study. *Ergonomics, 64*(4), 455–473. https://doi.org/10.1080/00140139.2020.1850882

Horx, O. Z., Gatterer, H., Block, J., Erler, G., Grabmeier, S., Horx, T., Horx-Strathern, O., Kirig, A., Küstenmacher, W. T., Matzig, G., Papasabbas, L., Pfuderer, N., Schuldt, C., Siegismund, V., & Zukunftsinstitut. (2021). *Zukunftsreport 2022*. Zukunftsinstitut GmbH.

Høyrup, S. (2010). Employee-driven innovation and workplace learning: Basic concepts, approaches and themes. *Transfer: European Review of Labour and Research, 16*(2), 143–154. https://doi.org/10.1177/1024258910364102

Ivanti. (2022). *2022 everywhere workplace report*. https://www.ivanti.de/lp/customers/assets/s1/the-2022-everywhere-workplace-report. Zugegriffen am 21.06.2022.

Jolly, P. M., Kong, D. T., & Kim, K. Y. (2020). Social support at work: An integrative review. *Journal of Organizational Behavior, 42*(2), 229–251. https://doi.org/10.1002/job.2485

karriere.at. (2022, April 26). *Mentale Gesundheit am Arbeitsplatz spielt kaum eine Rolle*. https://www.karriere.at/c/a/umfrage-mentale-gesundheit-arbeitsplatz. Zugegriffen am 18.05.2022.

Kay, G. (2022). *Elon Musk stellt Tesla-Mitarbeitern Home-Office-Ultimatum: Elon Musk stellt Tesla-Mitarbeitern Home-Office-Ultimatum: Wer nicht ins Büro zurückkommen will, kann gleich kündigen*. https://www.businessinsider.de/wirtschaft/elon-musk-wer-bei-tesla-homeoffice-bleiben-will-soll-kuendigen-a/. Zugegriffen am 18.06.2022.

Kropp, B., & McRae, E. (2022, Januar 13). 11 trends that will shape work in 2022 and beyond. *Harvard Business Review*. https://hbr.org/2022/01/11-trends-that-will-shape-work-in-2022-and-beyond. Zugegriffen am 14.06.2022.

López-Núñez, M. I., Rubio-Valdehita, S., Diaz-Ramiro, E. M., & Aparicio-García, M. E. (2020). Psychological capital, workload, and burnout: What's new? The impact of personal accomplishment to promote sustainable working conditions. *Sustainability, 12*(19), 8124. https://doi.org/10.3390/su12198124

Millward, L. J., Haslam, S. A., & Postmes, T. (2007). Putting employees in their place: The impact of hot desking on organizational and team identification. *Organization Science, 18*(4), 547–559. https://doi.org/10.1287/orsc.1070.0265

Müller, R., & Antoni, C. H. (2021). Effects of ICT shared mental models on team processes and outcomes. *Small Group Research, 53*(2), 307–335. https://doi.org/10.1177/1046496421997889

Reinke, K., & Ohly, S. (2021). Double-edged effects of work-related technology use after hours on employee well-being and recovery: The role of appraisal and its determinants. *German Journal of Human Resource Management: Zeitschrift für Personalforschung, 35*(2), 224–248. https://doi.org/10.1177/2397002221995797

Röhr, S., Müller, F., Jung, F., Apfelbacher, C., Seidler, A., & Riedel-Heller, S. G. (2020). Psychosoziale Folgen von Quarantänemaßnahmen bei schwerwiegenden Coronavirus-Ausbrüchen: Ein Rapid Review. *Psychiatrische Praxis 2020, 47*(04), 179–189. https://doi.org/10.1055/a-1159-5562

Satici, B., Saricali, M., Satici, S. A., & Griffiths, M. D. (2020). Intolerance of uncertainty and mental wellbeing: Serial mediation by rumination and fear of COVID-19. *International Journal of Mental Health and Addiction*. https://doi.org/10.1007/s11469-020-00305-0

Schmidt, S., Roesler, U., Kusserow, T., & Rau, R. (2014). Uncertainty in the workplace: Examining role ambiguity and role conflict, and their link to depression-a meta-analysis. *European Journal of Work and Organizational Psychology, 23*, 91–106. https://doi.org/10.1080/1359432X.2012.711523

Schuller, K., & Weiss, F. (2019). The rise of mental health problems, inequality and the role of job strain in Germany. *Mental Health & Prevention, 16*, 200175. https://doi.org/10.1016/j.mhp.2019.200175

Wohlers, C., & Hertel, G. (2018). Longitudinal effects of activity-based flexible office design on teamwork. *Frontiers in Psychology, 9*. https://doi.org/10.3389/fpsyg.2018.02016

Wohlers, C., Hartner-Tiefenthaler, M., & Hertel, G. (2017). The relation between activity-based work environments and office workers' job attitudes and vitality. *Environment and Behavior, 51*(2), 167–198. https://doi.org/10.1177/0013916517738078

Worek, M., Covarrubias Venegas, B., & Thury, S. (2019). Mind your space! Desk sharing working environments and employee commitment in Austria. *European Journal of Business Science and Technology, 5*(1), 83–97. https://doi.org/10.11118/ejobsat.v5i1.159

Printed in the United States
by Baker & Taylor Publisher Services